领航千亿系列丛书

增长的逻辑

新消费时代机遇

熊时实 ◎ 著

电子工业出版社
Publishing House of Electronics Industry
北京·BEIJING

/ 赞誉 /

消费品企业要崛起，匠心必不可少。衣食住行、吃喝玩乐，生活中的小物件、小东西，要想成为家喻户晓、喜闻乐见的知名消费品品牌，就需要企业家足够专注，专注于打磨产品，专注于深耕渠道，专注于传递价值，数十年如一日，才能有所成。心心在一艺，其艺必工。

但只做到这些还不够，消费品企业如果不能以经济与产业发展的规律为前提来研究消费者喜好的变化，不能与资本共舞，不能以市值曲线借力品类拓展、模式创新，不能与时俱进地吸引人才、留住人才，就无法真正打造消费品企业的格局，成就像可口可乐、麦当劳那样的世界级百年消费品品牌。

本书作者熊时实，长期深耕消费品行业的研究和咨询，观察敏锐、经验丰富，是和君咨询专注于服务消费品企业的合伙人，也是和君商学院的优秀毕业生。她写的这本书，对新消费企业如何实现增长，给出了系统的对策，值得阅读。

——和君集团董事长，和君商学院院长 王明夫

工业革命后的商品消费大多是从工厂，到批发商、零售商，再到消费者手中的。随着互联网时代的到来，世界面临百年未有之大变局，消费链和规则被彻底颠覆，疫情之下，传统商场生存艰难，电商则快速崛起。

熊时实老师从世界级大企业的营销总监华丽转身，及时跟进网络营销，对电商行业进行深入研究，持续开办多期电商讲座，深谙新消费规则。这本书是她多年研究的精髓，以业务增长篇、管理增长篇、资本增长篇三篇系统解读新消费规律，既是工业企业、商品生产者、电商从业人员的学习宝典，又是广大营销专业学生随时可翻阅的工具书。进入新消费时代，唯有更新知识体系，以消费者为中心开发产品，才不会落后于时代。祝愿熊老师继续深耕新消费领域，为读者奉献更多精彩著作。

——深圳市政协经济委员会副主任，深圳海王集团执行总裁　高锦民

消费品看似是个"小生意"，却有"大机会"，正如当年以研发生产起家的稳健医疗决定跨步到全棉时代。虽然做消费品品牌挑战很大，但从零到一，再到百千万，如今以全棉时代为代表的 to C 业务，已占据集团营收的重要部分。

如何利用消费品行业的"大机会"打造千亿市值的企业？熊时实老师通过多年的理论研究与实践经验，从消费品企业的成长路径出发，结合大量案例进行深入浅出的分析，围绕业务增长篇、管理增长篇、资本增长篇，如同建造一艘腾空而起的火箭一般，总结出指引消费品企业高速增长的方法，值得借鉴。

——稳健医疗及全棉时代副总经理、董事会秘书　陈惠选

餐饮业过去是个传统消费行业，但今天插上了数字化、智能化的翅膀，企业要用数字化洞察消费趋势，用数字化提升运营的准确性，用数字化武装经营思路和能力。这是一条通向新消费的转型道路，正如熊时实所写的，不

赞 誉

管是传统餐饮还是新餐饮，在数字化的助力下，更重视用户资产，更重视经营效率，将是未来消费服务业，甚至整个消费品行业企业竞争的超级武器。

——乐凯撒比萨创始人、CEO　陈宁（饼哥）

熊时实与我共事多年，也是我多年的挚友，我们曾并肩前行，经营和发展世界知名品牌的在华业务，也曾一起就每个代际消费者的变化做深入研究。消费品企业，是伴随我们职业发展十多年的主航道，相信也将是未来很长一段时间里，我们致力于投身其中的大领域。

因此，本书既是一次总结，也是一次迭代，总结了过去外资消费品品牌的成熟经验，迭代了近些年来迅猛发展的互联网打法。期待着我们能够继续携手，在下一个十年里，迎来本土消费品企业的蓬勃景象，见证中国力量领先全球。

——雀巢宠物食品市场总监，雀巢大中华区前创新孵化器发起人　张宇

"她经济"在当下女性话语权越来越重要的时代背景下，除了代表消费行业持续不断的机会，还代表女性如何展现自我、成就自我、拥有强大的力量。逐渐崛起的新消费国货品牌，有不少都十分关注女性的身体及心理需求，设计出受人欢迎的产品。究其原因，是因为品牌人真正把"人"放在了原点，以人为中心，盘活了产品、品牌和渠道。熊老师这本新书的大量篇幅，都在讲述这个话题，期待有更多消费品企业关注于此，塑造更美的女性。

——柏荟医疗集团 CHO，智联招聘前副总裁　任玮吾

前言

2022年，新冠疫情（下文简称疫情）已经进入我们的生活近三年，不知不觉间改变了很多细节：居家隔离使食品饮料、娱乐设施、厨房小家电等品类，迎来了爆发期，连带着小范围解封后的户外运动、精致露营、美妆个护等领域，也呈现井喷式增长；而传统坚挺的奢侈品、酒水、餐饮等领域，却呈断崖式下跌——消费品市场最大的变化就是，新品牌如雨后春笋，也如云烟易逝，活下来的不多，长大的更不多。

但中国仍然是全球瞩目的消费大国，稳定且日益强大的供应链能力，统一的全国大市场，国力强盛带来的民族自豪感和消费实力，以及年轻一代消费者旺盛的消费意愿……这些都为消费品行业提供了一片持续增长的沃土。在这里，既有兴衰更迭的品牌发展周期，也有透明化白热化的市场竞争，还有开放学习、敢于创新的新一代创业者，他们共同造就了今日消费品行业的百花齐放。

更重要的是，消费品行业历来都是抗周期的，无论经济怎么下行，人们总要享受当下，总要在郁闷的生活中找到一些幸福小时刻。所以新消费

前 言

品牌也拥有持续增长的市场基础，但能否短期做大、长期做深，就成了摆在创业者面前的挑战与任务。

大部分消费品企业的商业模式都围绕着研发、供应、生产、销售这样一条产业链，我们通常称之为"研供产销"链条。在这个产业链中，消费品企业身处不同的环节，各自有着不同的需求。比如一个研发驱动型消费品企业，可能更关注研发如何商业化、通用化；一个供应生产型企业，更关心供应的速度和质量，能不能又快又好；而一个品牌销售型企业，则更关心怎么直达终端消费者，能不能有足够的号召力。

不管企业在"研供产销"中的哪个位置，最终整个产业链只为终端消费者的需求服务，要满足他们物质上、精神上的需求，给他们创造价值，才能让他们喜欢。所以消费品企业的成长往往具备一定共性，就像攀登一座高峰（见图 0-1）。

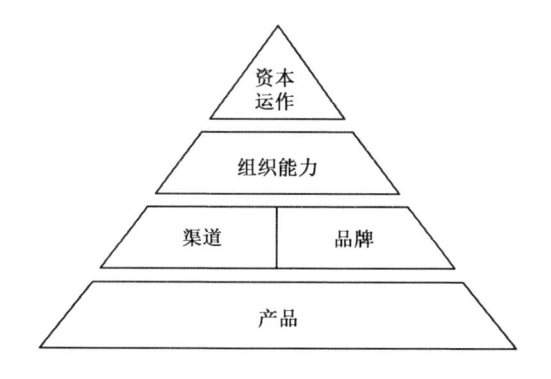

图 0-1　消费品企业能力成长模型

最底层解决的是"产品"问题，某款产品的某个特性做得特别好，比如好吃好喝、好玩好用，因此杀入市场就有了一席之地，产品优势通常能支撑企业步入营收千万元的阶段。当然，不同细分行业的特点不同，有了大爆款、非常好的产品，才能让企业站稳脚跟。

再往上发展,就不能只有产品了,还需要考虑销售渠道是不是通畅,经销商和门店愿不愿意卖我的货,开了几家赚钱的店能不能实现标准化、可复制。这就是解决"渠道"问题。同时,消费品生意长期赚钱的关键是,在顾客重复购买之后,解决"品牌"问题。比如我的品牌能不能让新顾客认可并买单,让老顾客定期、持续复购,并且这一切经得起时间的考验,不仅是一两年,最好能持续十年、二十年。

有了渠道和品牌,就能支撑企业步入几亿到几十亿元营收的阶段了。但要再上一个台阶,实现几百亿元营收,就需要强大的团队综合作战,解决"组织能力"问题,让组织结构最适合未来发展,人才济济、上下一心,流程科学、经验共享,甚至能扩展到不同的商业模式,管得住不同的盈利方向。

到了这一步,大部分企业已经是在资本市场遨游的"玩家"了,但不一定是"行家",因为干实业出身的企业家,往往不具备金融和资本能力,这需要完全不同的思维和视角,比如得懂财务、懂法律,甚至懂沟通的艺术。在资本市场,企业经营要有"制空权",利用"空中部队",再结合业务经营的"地面部队"和内部管理的"海中部队",才能连通产业链上下游,合纵连横,建造对手所不能突破的竞争壁垒。所以,解决"资本运作"问题,是让企业冲击千亿市值的不二法门。而只有成为这样的"蓝筹股",才能长期坐稳行业领袖的宝座,将企业经营与产业情怀、家国抱负紧紧联系在一起。

攀登这座高峰,企业需要具备产品、品牌、渠道、资本运作等多种能力,同时还需要清晰的战略指引,在每一个环节使用好相应的增长对策,就像开启卫星定位,找准行进轨迹,才能领航企业一步步迈向千亿市值,成就"小生意,大机会"。

前言

为此，我们特意将消费品企业如何持续增长，直至炼成千亿市值的一系列理论、模型、案例，提炼成这本书，分为业务增长篇、管理增长篇、资本增长篇三篇，涵盖若干消费品企业的增长方法论和对策，对应解决企业的业务增长、管理能力增长和估值增长需求，并配套整合成一系列咨询顾问、培训授课服务。

也许你还要问，看似一单一单的零售消费品小生意，如何成长为千亿市值的企业，找到赚钱的大机会，这事儿难吗？

截至 2022 年 7 月底，A 股上市公司一共 4840 家，总市值达到千亿以上的企业共有 149 家，只占所有 A 股的 3%，而其中消费品企业有 30 余家，占所有千亿市值公司的 1/5。所以看上去，坏消息是要成为千亿市值企业必须得百里挑一，但好消息是，消费品企业似乎有更大的可能性。

和君咨询原创了"千亿市值企业 PMI 模型"，归纳总结了能成为千亿市值企业的画像。经过系统总结和反复论证，我们发现，千亿市值企业须从地位（Position）、行业（Industry）、模式（Model）三个方面着手，精选大行业、好模式，做无可争议的行业领袖，才能成就灯塔般的事业。

在地位上，首先，经营能力强，能获得"100 亿+"的营业收入。一般而言，营收超过百亿元的行业龙头，其往往拥有良好的发展前景；其次，能获取"20 亿+"的利润，拥有稳定且持续增长的 20 亿元以上的净利润；最后，品牌价值能达到"1 亿+"，拥有全国甚至全球知名品牌，具备强大的品牌号召力。

在行业上，首先，行业规模、细分赛道要足够大，至少要在 5000 亿元以上；其次，行业利基也是重要条件，行业需要足够"肥"，毛利至少占 20%；最后，在行业集中度上，细分行业 CR5（营收规模前五名的企业所占市场份额）要大于 50%，这也是重要的条件。

在模式上，首先，企业需要具备核心技术，在理想情况下，最好具备世界领先的技术创新能力，能引领行业发展；其次，企业在产业链中能发挥巨大作用，通常是该领域产业链的主导者或产业链稀缺资源的高效整合者；最后，利用"互联网+"，能创新性利用消费互联网、产业互联网的技术与模式，引领行业发展。

让我们看看消费品行业中哪些广为人知的企业位于这个光辉熠熠的名单中：贵州茅台、比亚迪、五粮液、美的集团、海天味业、山西汾酒、金龙鱼、伊利股份、爱美客……每一个企业，都是相应行业里的大蓝筹，而它们大多靠着一笔一笔的消费者购买订单，甚至有的客单价只有十几元，成就了十亿利润、百亿营收、千亿市值。

这便是消费品行业"小生意，大机会"的魅力所在了。

将所有消费品企业最关心的增长问题拆开来看，增长的驱动力可分为外因与内因。外因有流量红利、人口红利、品类红利。内因，才是最可贵的增长源泉：敏捷的运营，走心的品牌，有价的产品。所以，我们希望通过数十年长期跟踪消费品行业所累积起来的洞见和经验，在新消费时代到来的历史节点中，敏锐捕捉变化的市场信号，迅速调整迭代企业经营的"术"和"器"，同时保持审慎的眼光，穿透热词的迷雾，坚守那些百年消费品企业成长史中不变的"道"和"法"，领航更多企业在长坡厚雪的消费品赛道，获得更快速的增长，穿越一个又一个周期，成就千亿市值。

在这个百花齐放、百家争鸣的新消费时代，我们期待新生，我们更期待久远，我们尊重消费者，更珍惜新消费从业者。本书中所列举的大部分新消费品牌企业，还处于探索发展阶段，在成长之路上难免会如孩童般跌跌撞撞，但它们在各自领域的创新，仍然代表了对新时代企业家精神的诠释。感谢所有文中提到的新消费品牌企业的创始人和团队，是你们让这个

前 言

时代鲜活而有趣,让这个世界充满风格迥异的变换。

更重要的是,随着中国国力的崛起,中国企业的经营管理实践应该被看见、记录并提炼,形成自己的管理语言体系,效仿西方企业成长与理论研究交相辉映的互动,在中国本土商业世界中加以求证、打磨,并最终实现"在世界商学流派中建造一个中国学派",让"新消费"不仅仅代表一个时髦的词语,而是成为一个商业进步的缩影。

现在,让我们正式启航出发,驶向新消费的世界。

目录

01 PART

业务增长篇

第一章　能做千亿市值的消费品小生意　/3

　　消费品到底是个什么样的小生意　/5

　　新消费时代呈现出的七个趋势　/9

　　新消费企业应具备的核心能力　/13

第二章　如何做好产品：重塑开发逻辑　/19

　　不同品类如何开发　/22

　　基于价值如何开发　/29

　　重塑功能之外的开发逻辑　/35

　　购买前后如何开发　/38

目 录

第三章 如何做好产品：批量打造爆品 /42
  如何建立打造爆款的基础 /44
  大数据如何选出爆款 /47
  大数据如何支撑爆款 /52

第四章 如何做好品牌：内容决定一切 /61
  品牌为何而存在 /65
  品牌与对手相比有什么不同 /69
  品牌要走向何方 /72
  品牌内容传播"扩音器" /76

第五章 如何做好品牌：以消费者为原点 /87
  品牌定位的新方法 /93
  品牌如何 IP 化 /96
  怎么做品牌延伸 /100
  怎么做圈层营销 /103
  如何投资最重要的顾客 /107

第六章 如何做好品牌：把成本变投资 /112
  做好千人千面的广告投放 /114
  内容+电商，传播效果倍增 /117
  如何用 IP 内容实现品牌资产累积 /122

第七章 如何做好渠道：数据驱动增效 /128
  数据如何赋能线下渠道 /131
  数据如何管理用户资产 /136
  数据如何创新体验和品牌出海 /139

PART 02

管理增长篇

第八章　如何做好战略：企业增长之路　/145
　　消费品企业成长还需要什么　/151
　　战略共性及如何破局　/153
　　常用的规划模型及案例　/157

第九章　如何做好组织：调结构、养人才　/165
　　消费品企业的组织问题　/166
　　什么样的组织形态更好　/168
　　人力资源管理要注意什么　/174

第十章　如何做好文化：价值观与基因　/185
　　企业文化在新时代的特征　/187
　　如何做好企业文化建设　/194
　　什么样的创始团队最优秀　/198
　　如何提升领导力　/201

PART 03

资本增长篇

第十一章　融资上市：好风送上青云　　/207
　　融资上市有什么好处　　/209
　　如何提升融资上市的估值/市值　　/215

第十二章　投资并购：有限业务，无限事业　　/226
　　如何做投资并购　　/228
　　投资并购的筛选标准和估价　　/237

后记　持续腾飞，穿越周期　　/242
跋　/247

01 PART

业务增长篇

第一章
能做千亿市值的消费品小生意

疫情之下，中国多个城市被轮番冲击，封控、停摆，给经济发动机浇上一盆又一盆凉水，致使 GDP 增速放缓。在疫情影响下，餐厅不能堂食，快递外卖不畅，商场门店停业。根据赢商大数据统计，2020—2021 年四大城市（北京、上海、深圳、广州）购物中心空置率已接近 10%，比疫情前翻了两番，很多与消费有关的生意遭受重创。

此外，实体经济的降温也传导到资本市场，根据我们整理和统计，从 2020 年一季度到 2022 年一季度，A 股消费品代表性企业的月 K 线起起伏伏，伴随着千股跌停，不少公司的市值与高峰时期相比已腰斩一半；二级市场遭遇寒冬，一级市场吹起来的消费泡沫也开始消散——年度融资事件在数量上比疫情前减少三分之二，平均单笔融资金额也大幅缩水——消费品创业公司凭PPT拿融资的日子一去不返，投资机构对消费品企业的态度，由大刀阔斧、高歌猛进的乐观，慢慢转变为小步迭代、谨慎出手的理性，企业比拼经营管理效率，成为适应新环境的硬功夫。

但伴随这一轮周期下行和投融资潮而来的，还有"新消费"一词。贴上这一标签的企业确实有一定的共性：比如新锐品牌创始人大多有跨界背景，来自互联网大厂、消费品世界500强外企或广告传媒行业；格外注重营销宣传，擅长用意见领袖（KOL）代言，用直播和短视频带货；容易从一个垂直小众的品类杀出，迅速创造或颠覆一个细分市场等。

跟"新消费"品牌站在对立面的，往往是那些拥有几十年历史、家喻户晓但失去新鲜感的成熟企业、经典品牌，无论它们怎么卖力迎合热点，还是难逃被年轻人嫌弃的命运，其中不乏国际巨头宝洁、联合利华、雀巢、强生等，它们品质可靠但"属于上一代的选择"，定位颇为尴尬。

当然新消费品牌并非一帆风顺，我们盘点了2021年前后上市的几家明星企业的近况，便可知当初荣获"某某行业第一股"称号的它们，在当下活得也很艰难。比如美妆个护排头兵逸仙电商，当前股价跌去发行价的九成五，市值骤减156亿美元，并且因连续多日股价低于1美元，还面临退市处罚的风险；新茶饮代表奈雪的茶，当前股价是发行价的四分之一，对比最高市值蒸发244亿美元。虽然两家企业营业收入在接近50亿元的体量上，能保持双位数增长是个亮眼的成绩，却仍未扭亏为盈。

消费品品牌的建立绝不是一蹴而就的，在爆品逻辑之后，要牢记品牌存在的意义及与世界对话的价值。现在，让我们重新思考，何为新消费品牌，如何稳定地增长，长久地服务新人群的新需求。

第一章　能做千亿市值的消费品小生意

消费品到底是个什么样的小生意

这样看来，消费品到底是个什么样的小生意？它能做大吗？它能长久吗？它赚钱吗？

股神巴菲特曾在一年一度的伯克希尔公司致股东信中写道："我最看好的投资，就是对于生产性资产的投资，最理想的资产应该符合两个标准，一是在通货膨胀时期还能够创造出源源不断的产品，这些产品本身能够提价，可以使企业购买力不变，二是只须最低水平的新增资本投入……不管未来100年后的货币形式是黄金、贝壳、鲨鱼牙，还是跟今天一样的小纸片、数字钱包，人们仍然愿意用自己的几分钟日常劳动来换取一罐可口可乐或一些喜诗巧克力花生糖。未来，每个人肯定将运输更多的商品，消费更多的食品，要求更大的住房。人们将会永远用自己生产的东西交换别人生产的东西。"

巴菲特指的他最看好的投资是什么？其实就是消费品企业。他坚持知行合一，1972年他投资的喜诗糖果，为伯克希尔创造了超100倍的投资回报；1988年投资的可口可乐，到今年仍然是前十大重仓股，为伯克希尔创造了13倍的投资回报，还有内布拉斯加家具店、苹果、汉堡王等，都是伯克希尔历年持仓中重要的消费品企业。

以苹果为例，2019年它成为第一家市值突破1万亿美元的消费电子巨头，毫不理睬资本市场万亿市值瓶颈的魔咒，短短三年半，市值两度剑指3万亿美元，成为如今营收第一的美股上市公司，在日新月异的科技领域，展现出惊人的稳定性和可持续性。

股神的认可与坚持、企业长达几十年甚至上百年的巅峰表现，这些都是有力的佐证，证明了消费品企业能做大，能长久，而且很赚钱。只是要实现这一切需要满足一个前提：必须跟得上时代与市场的变化。消费品生意的本质就藏在它的名字里，消费者是消费品生意的原点，消费者需求的变化，驱动了消费品生意前行，也影响了从业者的行为。好的消费品企业应该像时代的弄潮儿，紧跟潮流，始终勇立潮头。

这也正是为什么一些贴上"新消费"标签的企业能弯道超车，迅速占领一席之地，引无数效仿者仰慕的原因。因为它们触角灵敏，行动矫健，抓住一个狭小需求敞口，投入更先进的数字化工具，开展更深入的消费者调查，把产品开发、爆款打造、品牌定位、品牌传播、渠道提效各业务板块进行重塑，紧跟变化的市场需求。

此外，新消费企业从创始人到员工，普遍都是 80 后、90 后，他们学历高、眼界阔，对全球经济、互联网有更深入更直接的感知，对比 50 后、60 后的上一代企业家，他们确实在企业经营管理上有过人之处。作为常年与企业家打交道，近距离接触消费品企业的咨询顾问，我们具备这样的职业优势，能将新消费企业与传统消费企业反复对比、全面审视，挖掘其中鲜活的案例，沉淀出方法论。

因此，本书的内容正是我们对照不变的消费品生意逻辑和接触到的企业所做的探索实践，相互比对、提炼总结，找出更适合当下的增长对策和打法，将其系统呈现出来，以期帮助更多消费品企业走出迷雾、拥抱时代，获得更多更快的增长，赚更多钱，活得更久。

不过，在讲具体的增长对策之前，还是应该先把视角拉回到我们的主角——消费者身上，暂时忽略市场调研得来的符号化标签，还原他们（也是我们）生活的社会，从而理解为什么将今天的消费者被称为"新消费者"。

第一章　能做千亿市值的消费品小生意

纵观全球经济发展的规律，人类在经历了农业经济时代、工业经济时代之后，如今正步入体验经济时代。未来学家托夫勒曾经总结，体验经济时代表现出三个明显的特征：短暂、新奇和多样。

短暂，是指人们对产品使用周期的预期降低了，消费品变成了消耗品。现在的人都不太指望东西能用十年了，用完了、不喜欢了，扔了再买便是，就像十年前我们还很难想象，上千元的手机会变成快速消费品，年轻人希望手上始终拿着功能最新、款式最潮的智能手机，哪怕要为此花大价钱。

新奇，是指人们不再固定在某个城市、乡村生活，追求新鲜变成一种习惯。过去人们长期在一个地方生活，但现在年轻人读书、就业，经常换不同的地方，会结交很多新朋友，培养新的爱好，产生新的需求。

多样，是指现在有越来越多的亚文化圈，嘻哈、滑板、街头、汉服、JK、国潮、古风……小众也有机会成为大众潮流，多元交织，形成了现在年轻人生活与社交的底色。人们愿意分享，也愿意把爱好变成专业，但同时人们也更孤独，往往同好之间才有话题可聊，不在一个圈子的人越发抵触交往。

在这样的体验经济时代，拉动消费行业发展的社会环境不断迭代。新消费者、新技术、新商业模式，"三新"因素使新消费成为必然。所以从这个角度上讲，新消费更是一种时代的更迭，是消费品企业经营环境的底层重塑。

具体来看，新消费者意味着 Y 世代、Z 世代甚至 α 世代正式成为消费舞台的主角，他们要价优物美，要有意思、有面子、有参与感，要懂他们的小众爱好。新技术，体现在大数据、云计算、人工智能、AR/VR、基因工程，甚至元宇宙上，它们的商业应用场景已经开始颠覆部分消费品行业行规。因此也就衍生出新商业模式，比如线上线下协同的新零售、按需生产、C2M 私人定制、共享经济等，消费品生意不再局限于生产、销售、广告、渠道的简单几板斧，还可以插上新技术的翅膀，给人们的生活带来更多美好变化，更重要的是让品牌的独特性走进人们的心里。

第一章　能做千亿市值的消费品小生意

新消费时代呈现出的七个趋势

如果我们把"三新"因素拆解得更细一些，就会发现新消费时代呈现出七个趋势，分别影响企业产品、品牌、渠道的各个方面，让我们来具体看看。

趋势一，消费者不愿意只当听众和"提款机"，还希望品牌能听取自己的意见，表达欲越来越强。

微信公众号、微博、论坛、知乎、视频网站等，以社交媒体为桥梁，消费者更喜欢直言不讳地对产品、品牌、服务发表评论、提出建议，而且大家既发表见解，也会参考别人的观点，每个人的决定都受其他人的极大影响。

比如小红书的"种草"贴、拼多多的团购、抖音的带货直播、淘宝的详情页买家秀、B 站的垂直知识、大众点评的探店评价，都代表新消费者十分重视社交意见。通过他人的观点验证自己的选择，是消费品企业需要重点关注的传播机会。

趋势二，消费者更专业了，既看重品质，也看重体验，还看重价值观共鸣。

互联网让信息更透明、更多样，草根达人的专业度也丝毫不逊色于专业的从业者，比如知名 IP "老爸评测"，从开始做产品评测，后来慢慢发展到基于评测和推荐，开设自己的商城，选品、采购、种草、直播卖货全链条布局。

另外，品牌传递的价值观更加重要，比如B站当年用于描述Z世代的《后浪》视频，一度成为朋友圈代际代沟的测试器——80后认为视频充满正能量，从中能看到新一代年轻人多姿的生活及中国的未来。而90后、95后、00后则认为视频虚假浮夸，把内容吐槽个遍，认为其不接地气，充满享乐主义、消费主义陷阱等，完全代表不了他们对世界的看法。所以消费品企业将面临的，不仅来自消费者对品牌宣传内容的审视，更来自他们对企业经营者初心的灵魂拷问。

趋势三，年轻人身处各种圈层中，如广为人知的饭圈、嘻哈圈、脱口秀圈、JK圈、汉服圈等，他们一边在消费圈层里的段子、梗、爱好、暗语、偶像，一边也在创造和传播新的内容。独特的语言体系和创意在社交媒体的助力下出圈，成为频频出现的现象。

顺应圈层文化自传播、自流行的特点，很多消费品企业也在利用这些多元交叉、形形色色的青年文化群落，更新自己的品牌宣传方式。过去品牌宣传大多依赖硬性广告投放，通过"洗脑式"的宣传引起一部分人的注意和兴趣，将其转化为购买，更小一部分人成为忠实复购的用户，这就是我们常说的"传声筒"模式。而新的品牌宣传则大多采用"扩音器"模式，优先聚焦小范围的种子用户，再持续裂变，让种子用户愿意将品牌推荐给更多人（见图1-1）。小米便是这种品牌传播模式的典型代表。

趋势四，电商业态兴起和繁荣，新零售模式出现和成熟……大数据、云计算等的发展，让消费品企业的零售渠道越来越丰富。消费者已经习惯了用各种软件、微信群、小程序、客服号来预约、下单、团购，企业线上线下的库存打通、会员权益打通，LBS（基于地理位置的服务）技术成熟后的网上下单、门店提货/送货、预约到店等服务，也随之而来。

在技术浪潮冲击下，企业纷纷开始尝试搭建数据库，通过沉淀、抓取、分析，明确哪些产品好卖，哪些产品不好卖，然后淘汰不好卖的产品，重新上架新产品，优化产品结构。同时，数据库还可以指导企业分析各种购买场景下消费者购买行为的不同之处，在后续工作中有针对性地优化用户体验、提高复购率。在新消费时代下，拥有广阔覆盖范围的渠道门店，并能连接数字化的线上设备，已经成为企业新的竞争优势。

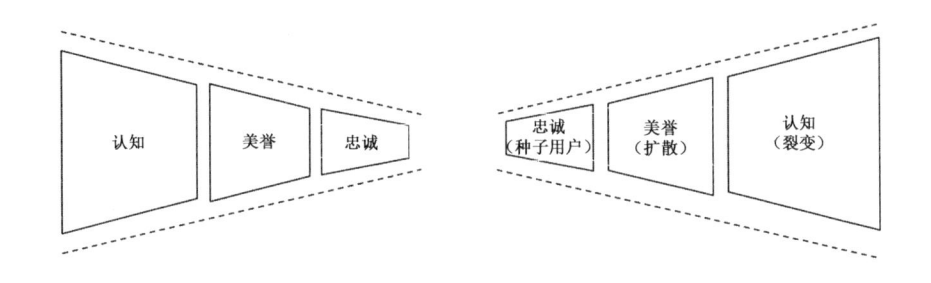

图 1-1 "传声筒"和"扩音器"模式

趋势五，利用大数据和云计算技术，如今研发产品也不再是闭门造车了。通过软件工具，抓取互联网中海量的舆情、热点数据，综合分析统计，就可以明确市场目前真正期待的产品是什么样的，从而指导研发和产品迭代，保证企业开发出来的新品叫好又叫座。这是一个"由内向外"转变成"由外及内"的过程，可以说消费品企业的产品研发从"经验主义的赌博"变成"符合现实的推测"。

元气森林便是一个典型的代表，它的新品研发以终端用户的需求和喜好为导向，分为六个步骤：口味测试、电商销售测试、便利店测试、信息流卖点测试、私域种子用户测试、大数据舆情监控。在这些步骤中，它利用从线上线下各种渠道收集到的海量反馈，让新口味灵感源源不断，产品便备受欢迎。

趋势六，大数据应用升级了消费品企业营销渠道的能力。企业搭建大数据系统，掌握终端用户的一手需求，再反向推动企业研发、采购、生产的供应链环节改革，打破传统的"以产定销"运作方式，实现订单批量更小、备货更及时、补货更快速、随时能迭代的"按需生产"，柔性供应链成为企业发展和竞争的利器。企业能快速响应消费需求的变化，在供给侧结构性改革的时代背景中，化解产能过剩问题、降低运营成本、升级产品结构、提升产业效率，这些新的商业模式有很大的发展空间。

比如有一个小众购物软件"必要"，它所有上架在售的产品都来自大牌OEM代工厂，自己不进行研发生产，平台上产品销售一律采用预售制，在固定时间段内数据系统收到的订单，将反馈到代工厂备料、生产和发货。在这种模式下，"必要"不用自己囤货，没有库存成本，代工厂的利润也更为丰厚，柔性供应链照进现实。

趋势七，对目标客群的情感需求更了解，企业不仅规划产品和广告，还规划文化感受，把产品从"一件东西"，变成"一件东西+一些内容+一种体验"，这也是传统图文详情页到新兴短视频直播的进化。比如现在越来越多的品牌，不仅线上做得好，线下也经常开设快闪店，重创意、轻卖货，吸引更多人现场参与活动，和品牌互动。比如喜茶在几年前推出"PINK"店型，虽然上架的产品与普通店型的产品没有区别，但因装修独特和氛围感十足，引来众多社交达人拍照，在社交媒体上掀起一阵打卡风潮。此外，企业也越来越重视与消费者的需求沟通和品牌价值观的传达，这就形成了一个良性循环：目标消费者因为喜欢某个内容而买单，因为产品好用而复购。

第一章　能做千亿市值的消费品小生意

新消费企业应具备的核心能力

趋势在变,但新消费者、新技术、新商业模式促使新消费时代必然到来,这一点已经再明显不过了。这些被称为新消费品牌的企业,到底"新"在什么地方,除了借鉴其具体打法,它们更本质的竞争优势是什么,我们如何向其学习?

带着这些疑问,我们研究了大量商业评论、案例,也走访了不少消费品企业,发现观点各不相同:有的说,新消费企业"新"在目标人群选择上,主要面向90后、95后、00后,做年轻人的生意;有的说,新消费企业"新"在产品定位上,从小众垂直赛道切入,重新包装产品卖点,打造一个新品类;有的说,新消费企业"新"在渠道布局上,它们很会做电商,是线下实体店和电商平台的又一场对垒;还有的说,新消费企业"新"在宣传活动创新上,品牌联名、综艺冠名、快闪活动玩得风生水起……

这些观点都对,但又都不够完整、不够根本。实际上,无论新消费还是传统消费,企业仍然要遵循底层商业逻辑。对消费品生意来说,业务抓手仍然是产品、品牌和渠道——通过产品满足用户需求,通过品牌和渠道建立与用户的长期关系,从而获得可持续发展。而新消费企业在落实业务的过程中,的确展现出一些优于传统消费企业的竞争能力,我们总结提炼后发现,可以归纳为两点。

第一,数据能力。新消费企业更善于利用互联网工具和数字化技术,从表层的日常工作处理,到中间层的组织结构优化,再到底层的商业决策机制,都因此而效率大增。对外,它们实现了全面捕捉消费者行为,供应链上下游信息畅通；对内，它们完成了业务和管理的全方位协同，决策不再只依靠经验判断。在 VUCA 的时代里，新消费企业因此拥有更强的应对不确定性的能力，数据的抓取、识别、分析和使用也逐渐成了消费品企业跨越经济周期的重要因素。

第二，洞察能力。创变的基础是洞察，不同世代的消费者在消费特征上有很大的差异，能深刻理解代际演变过程中诞生的新需求，是新消费企业发展迅猛的内在原因。我们这里所说的洞察，是指探究每个人类个体如何认识所生活的环境、怎样适应社会的变化、怎么处理自己和他人的关系，对这些问题的不同理解，是掌握消费需求变化的钥匙。

比如 Y 世代，也就是 1980—1995 年出生的一代人，负重前行是这代人的典型特征。他们成长在改革开放、经济发展的阶段，相信吃苦耐劳、勤勉认真地工作能换来更好的生活，他们崇尚消费实用主义，关注性价比，更喜欢教育、房产、汽车、育儿等有关衣食住行的基础消费。

而 Z 世代（指 1995—2009 年出生的一代人），个体意识崛起，娱乐至上。他们有更好的物质条件，接触到海量的信息和产品，学识更丰富、眼界更开阔，他们更关注自己、关注当下，更喜欢消费带来的幸福感、满足感、仪式感，对潮流、娱乐、享受型的消费更感兴趣。

到了完全在 21 世纪出生的 α 世代，这群 2010 年后出生的孩子开始走向消费的中心，到 2025 年全球 α 世代将达到 20 亿人，他们受科技的影响最多，也是平均学历最高的一代。他们学习能力强、高度个性化，是社交媒体"原住民"、不守规矩、不拘常理……这些人群特征必然会引发消费市场新的变化，可惜的是，大部分消费品企业对这部分人的洞察仍在盲区之中。

所以，我们看到新消费企业的数据能力、洞察能力显著提升，传统消费企业要想加以学习，以获得"新"起来的技能，就要先转变思维方式。企业也跟人一样，改变了想法，看问题的角度不一样了，才能真正改变行为，才能把动作做对。

第一，需要转变经营思维，消费品企业的所有打法都要从聚焦产品变为聚焦用户。只顾着精心打磨一款产品，寄希望于将产品陈列出来，用广告宣传就能把产品卖出去，这样的日子已一去不返，而产品的功能、卖点是否能跟用户需求真正对频，真正连接起人与人、人与场景、人与品牌，才是当下的重点。同时，未来的大趋势是中国企业将要集体品牌出海，代表中国的智造水平、经营水平及文化输出水平，在跨境全球化经营的过程中，企业更需要变产品思维为用户思维，深刻理解异国的经济、政治、人文生活环境等的差异，基于当地消费者的需求和场景，设计和出售相应的产品。

这实际上是眼睛看向哪里的问题。传统消费企业总是看向产品，竞争靠的是存量资源挖掘，比如谁有更强的研发实力、谁能够增加营销费用、谁能够抢占更好的广告位，但新消费时代商业逻辑重构，企业间竞争应该看向用户，让新用户认同、让老用户忠诚，关注给用户创造的价值并与他们保持稳固关系。正如日本格林木购物中心（Grand Tree）总经理鬼井先生所说："要把格林木购物中心建成大家乐意来的地方，让大家在玩的过程中顺便买一些东西回家"。

企业要想清楚"用户用我们的产品做什么"，而不是"我们的产品有多好"，因为产品本质上是满足需求、提供价值的载体，企业要做的不是说服消费者，而是解决他们已知或未知的痛点。

第二，需要转变数据思维，正如上文所说，新消费潮流的翻涌，少不了大数据、区块链、云计算、人工智能等数字技术的推波助澜，消费品企业需要有意识地利用数据，赋能业务和管理各方面。从早期的电商平台购物，到如今的直播带货，从批发零售的改造升级，到企业上云的数字商贸，数字技术的应用场景已经从电商全面扩展到多元消费场景，改变了消费者的习惯和观念。

这就要求消费品企业要有"互联网精神"，积极引入应用软件和工具，将研发生产、数字化营销、渠道管理、整合传播、用户管理等多个业务流程数据化，重新分配组织内外部资源，逐步变革商业模式。但与此同时，企业也必须考虑数字化转型中的"数据孤岛"问题，比如CRM、WMS、PLM、OA、SAP、MES等软件层出不穷，如果盲目地搭建，就可能出现问题。

对消费品企业来说，明确数字化的目的很关键。是为了业绩增长，还是为了降本增效，抑或是为了产品供应链体系优化，都要事先想明白。通过顶层设计牵引数字化体系搭建，才能真正用好数字化的驱动力。

第三，需要转变文化思维，消费品企业要学会从社会文化的角度抓住目标消费者、购物者、用户的趋势，而不单是追随热点事件。人们的消费行为会被价值观和生活方式影响，消费者的年龄、职业、经历，再到他们的家庭、朋友圈、爱好，甚至是所处的社会大环境，都会塑造他们对待消费的看法。企业要学会从文化洞察的角度理解消费者，顺应社会和意识形态的变迁，塑造差异化的文化式品牌，甚至引导构建出品牌文化偶像，比如苹果、耐克。同理，在面对跨境全球化业务时，企业更要了解当地文化，否则不可能提供适销对路的产品与服务。

文化现象最为明显的一点，就是各种建立在兴趣爱好上的圈层。圈层拥有强大的辐射能力，圈定意见领袖和粉丝，特有属性、年龄的人在消费行为上互相影响，这种影响又扩散到更大范围，其衍生出来的经济效益往往令人惊叹；同时，还有不少圈层从小众破圈变得大众化，引发刷屏现象，社会对其的关注就更多了。如果企业的品牌可以成为圈层文化中的一个符号、一个组成部分，就会高效、持续地被传播。比如因EDG《英雄联盟》S11斩获了全球冠军，电竞迅速从小众圈层成为一种现象级的文化，引发全民关注的热潮。瑞幸咖啡一直在品牌宣传上与年轻人走在一起，借助与EDG的联名事件，夯实品牌基础，吸引了不少新用户。

但与圈层文化共舞，要求企业必须真正具备文化思维，文化式品牌的建设不能只是盲目追随热点，流量导向的品牌塑造缺少根基，就不可能持续发展。当品牌的目标用户是Z世代及以后的年轻人时，很多企业时常觉得活动设计力不从心，因为每天网上的热点话题层出不穷，而且风向转得非常快，追都追不上。

比如过去很小众的嘻哈街头文化，在《中国有嘻哈》综艺节目的助推下，突然出圈成为一个国民级现象。如果品牌不是真正懂嘻哈，只是简单借用了一些元素，那么对于圈内人来讲，你的品牌和企业只是个经过伪装的门外汉，他们不会与品牌产生圈层内的共鸣，更不会主动成为品牌的宣传者。这就要求我们在设计产品、渠道、品牌时，必须做出圈层捆绑的选择，沉下心成为圈层中的一份子，像搞产品研发一样认真对待圈层文化。

第四，需要转变组织迭代思维，这对企业家来说是项重要的挑战。不难看到，现在的员工越来越难管，裸辞、"躺平"等现象日益突出，"如何科学地摸鱼"的帖子甚至常挂各大互联网大厂论坛榜首，各种荣誉对新生代员工的激励作用逐渐式微，"老得哄、有代沟、不服管、不开心就BYE BYE"成为部分管理者对95后的固有印象，企业家陷入管理困局。

实际上，在世代的划分中，每三年就会形成一道"沟"，每代人之间的差异比较大。新生代员工身上的"缺点",也是他们的一种"特点","难管"既是挑战也是机遇。

说是机遇,因为新生代员工本身就是消费品企业的目标人群,员工的消费态度、习惯、倾向、趋势,就是消费品企业发展的重要参照物,搞定了员工,也就知道目标用户是怎么看、怎么想的了。

说是挑战,是因为 95 后的新生代员工,大多在成长阶段没过过苦日子,没有真切感受过生活、经济压力,所以大多拥有比较强的自我意识、独立价值观。他们看重物质,更看重精神满足,不认为吃苦是通向成功的必经之路。想要"管得住"他们,就必须在人力资源管理上持续创新。

所以消费品企业管理者迭代组织管理的思路,要从"管人"变成"激发人",摒弃强制绩效考核的偏执,懂得新生代员工的内在诉求,做到"知人心,懂人性",真正激发员工的自驱力。这会让企业通过员工透视年轻消费者,更贴近市场,更能把握企业发展的脉搏。

总而言之,新消费时代来了,机遇与挑战并存,企业的业绩增长、能力增长、估值增长,都需要系统的能力升级。在本书的后续章节,我们将会从大量接触过的、操盘过的消费品企业实践中,总结出产品、品牌、渠道、战略、组织、文化、资本等多个维度,深度剖析新时代消费品企业要做的事情。

第二章
如何做好产品：重塑开发逻辑

过去五年，消费赛道浪潮风起云涌，资本市场也趋之若鹜，估值纷纷"顶破天"，华熙生物上市后市值一度涨至 1500 亿元，奈雪的茶市值一路攀升，直逼 325 亿港币，泡泡玛特的市值也一度突破 1500 亿港币，更不用说那些冲击 IPO 的消费品企业。Manner Coffee 自 2018 年起用三年完成从 A 到 B+ 的 5 轮融资，三顿半 2019 年至 2021 年频繁完成 6 轮融资，墨茉点心局 5 轮融资后单店估值超过 1 亿元……

大众一度误以为消费品品牌只要有好看的包装、新颖的渠道、滚滚的流量，就能在市场上大受青睐。但这样一来，对新消费时代中企业生意增量的认知，就会被简单定义为供给侧产品形式上的改变，配合着互联网流量红利，就能生成结果。

中国拥有强大的供应链供给能力、基数庞大的消费人群和覆盖范围广阔的网络基础设施，令消费品企业生产、宣传、销售的链条极为高效。企业家只要有一个创新的想法，找一个手艺不错的代工厂，就可以打造出一款产品；只要和小红书、抖音、B 站上的优质 KOL 合作带货，品牌自然而然就可以宣传出去；至于销售，企业甚至无须过多考虑渠道问题，只要在投资允许的情况下，主力平台天猫、京东、拼多多都上架，产品就能快速触达消费者。

在这样便捷的消费品企业经营环境中，品牌却总是昙花一现，新品牌一时层出不穷，有的甚至可以向国际巨头发起几次挑战，但能持续成功的不多，最后往往销售萎缩、停止生产，或者被收购、沉沦，成为代工厂。

比如我们拿服装行业来举例子，国家统计局数据显示，2021 年全国限额以上单位服装鞋帽、针纺织品类商品零售额达 13,842 亿元，但偌大的万亿级市场中却没有几个真正拥有强大竞争力的品牌，产品普遍被贴上粗制滥造的标签，消费者更不愿意付出高额溢价，传统的销售体系在电商冲击下抵抗力极低。

再如美妆个护行业大火的品牌完美日记，其母公司逸仙电商披露年报中显示，销售费用从 2019 年的 12.51 亿元，攀升到 2021 年的 40.06 亿元，占总营收比例高达 68.6%，其营销的边际收益也从 2.42 元下降到 1.46 元，近乎腰斩。

我们可以坦诚地说，近年来很多消费品品牌的成功，确实源自短期流量的变现。在资本疯狂助推下，泡沫中的消费品赛道过度追寻流量捷径，却存在硬伤，忽视了经营消费品生意的底层逻辑，即无论处于什么阶段，真正的、持续的需求在哪里，市场才会在哪里。在流量红利消逝后，在愈演愈烈的同业效仿中，哪些行为在成就品牌、攻城略地，而哪些行为只不过是自我消耗、日渐式微，是每个企业家都必须搞明白的问题。

总体来说，消费品企业在业务上的核心竞争力，主要来自产品、品牌和渠道三个方面。其中，产品自然是立身之本。下面，先来看看产品，我将用观察研究、操盘优化的大量产品案例，阐述新消费时代下如何重塑产品开发的逻辑。

不同品类如何开发

改革开放40多年之后，中国经济迎来了历史性时刻，2019年人均GDP突破1万美元，这意味着伴随生活水平不断提高，消费需求持续增长，规模不断扩大，分层与升级并举，从大同小异到千差万别，从短期满足到长期有用，从追求数量到提升质量，催生了多种消费趋势。

在疫情的不断冲击下，更多年轻人也开始理性反思，审视生活的本质需求，"补偿性消费""报复性消费"并未如预期般到来，"努力存钱""精打细算"反而成为大多数人的理财计划。如此种种，体现出人们消费观念的改变。

但我们说，产品的本质是满足用户需求，给用户提供价值的载体，所以产品开发的起点，自然就应该是理解用户需求，再从需求出发思考有形或无形的产品应该如何设计，从高度同质化的市场竞争中脱颖而出，要沉下心审慎思考产品力。

以乳制品行业为例，光明乳业早在2009年就发现中国乳糖不耐受人群、肠胃功能偏弱人群众多，且彼时物流冷链供应链还不够完善，消费者有对长保质期、常温酸奶的需求，于是它率先开发出常温酸奶莫斯利安。光明乳业发布的年报显示，当年其销售额高达16亿元，之后逐年攀升，2014年接近60亿元，2015年光明乳业甚至提出"百亿单品"的目标。

时至今日，光明乳业的莫斯利安早已被后来者超越。作为常温酸奶品类中强大的竞争对手，伊利的安慕希在2014年才上市，但它充分把握了消费者多样化的口味要求，2015年迅速开发蓝莓等多个新品。公开资料显示，

第二章 如何做好产品：重塑开发逻辑

其当年收入高达 50 亿元，后续几年又凭借更多新口味产品，再加上冠名多档国民级综艺节目持续造势，在 2017 年销售额赶超莫斯利安，2019 年销售额更是突破 200 亿元。

在这之后，酸奶市场上又诞生了新的产品。除了大卖场里开架式销售的盒装、瓶装酸奶，逐渐火爆的还有出品现制杯装酸奶的连锁餐饮品牌 Blueglass Yogurt，其公司虽然创办于 2012 年，但直至 2018 年才逐渐找准市场切入口。作为一家餐饮企业，团队从单店到直营连锁，并没有埋头于研发生产，一味钻研酸奶的形态、口味和口感，而是调转船头，从消费者生活方式的洞察入手，抓住年轻人希望变瘦、变美的强烈渴求，品牌定位于"一杯让你变好看的高品质酸奶"。它强调营养成分的融入及健康时尚的生活方式，它还跟 Lululemon 合作、搞联名，在阿那亚、茑屋书店、嘉里中心、杭州银泰开店。

从这一演变过程中我们不难看出，能突出重围的产品，无一不是开发逻辑紧扣消费需求的产物。实际上，消费品行业是一个涵盖众多分类的大行业，衣食住行、吃喝玩乐，如果我们用消费频次的高低和用户投入多少时间决定购买和使用（学术上称之为"卷入度"）这两个维度来划分消费品品类，就会发现可分为四个类别（见图 2-1）。

消费高频、重度卷入的品类：如运动健身器材和可穿戴设备，虽然价格不一定高，但对健身人士而言，这些是每周甚至每天都要用到的东西，所以买之前他们看重功能，对照自身情况做些研究，买之后就会经常用，觉得好用就会一直用下去。这一类产品要想获得新用户很容易，但商家都想分一杯羹，容易产生竞争红海，持续经营、维护老用户非常重要。

```
                        消费高频
                          ↑
    ┌─────────────────┐   │   ┌─────────────────┐
    │ 如食品饮料、美妆个护 │   │   │ 如运动健身器材、  │
    │                  │   │   │ 可穿戴设备       │
    └─────────────────┘   │   └─────────────────┘
                          │
轻度卷入 ←────────────────┼────────────────→ 重度卷入
                          │
    ┌─────────────────┐   │   ┌─────────────────┐
    │ 如手表珠宝、休闲娱乐 │   │   │ 如家居家具、汽车  │
    └─────────────────┘   │   └─────────────────┘
                          ↓
                        消费低频
```

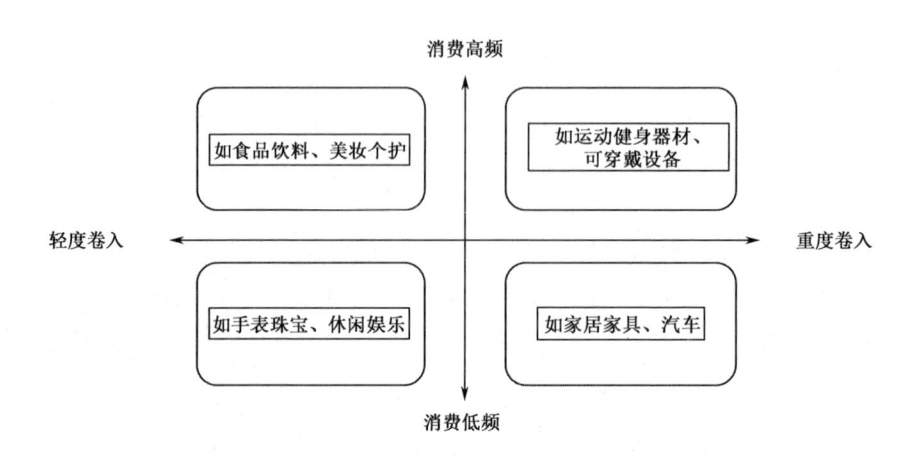

图 2-1　消费品品类的四个类别

消费低频、重度卷入的品类：如家居家具、汽车，人们买之前要做大量准备工作，消化信息、询价比价，买之后能用很长时间，二次购买至少发生在几年后，毕竟人们不会经常装修房子，也不会每个月换一部新车。这一类产品要想吸引目标消费者，除了本身的质量过硬，售前售后服务的质量、购买的体验等，也是建立竞争优势的重要方面。

消费低频、轻度卷入的品类：如手表珠宝、休闲娱乐，人们买之前了解外观、性能、效果等信息就差不多了，买一次可以用很久。这一类产品需要通过精心的设计、惊喜的体验来吸引目标消费者，同时在品牌经营上，要适当提高毛利空间，以支撑复购时间长、单次获客难的高成本。

消费高频、轻度卷入的品类：如食品饮料、美妆个护，也就是我们生活中常说的快速消费品。人们往往出于冲动消费进行购买，不会仔细考虑，各家产品也没有本质差别，但消耗快、经常要再买。这一类产品除了口味、使用体验，要想具备差异化，就需要在产品颜值、购物和使用体验，甚至情感共鸣上，给用户一些"WOW"的惊喜时刻，从满足用户的生理需求，到满足用户更高维的情感需求、价值认同需求等。

也正因为上面四个品类的划分,你所在的消费品企业经营什么产品,决定了关心用户的视角,吸引和维护用户的抓手,也决定了你的努力方向和程度。要知道,并不是所有的需求都满足了,用户就会满意,有时甚至会适得其反。

这时我们就要用消费者需求层次模型(也称 KANO 模型,由东京理工大学狩野纪昭教授提出,见图 2-2)来分辨哪些需求是产品开发时需要花大力气解决的,而哪些需求在这个品类中其实没那么重要。在消费者需求层次模型中,以"用户满意度"和"需求满足程度"作为衡量的维度,我们会发现,用户的需求和满意度并不线性相关,反而呈现出不同的情况。

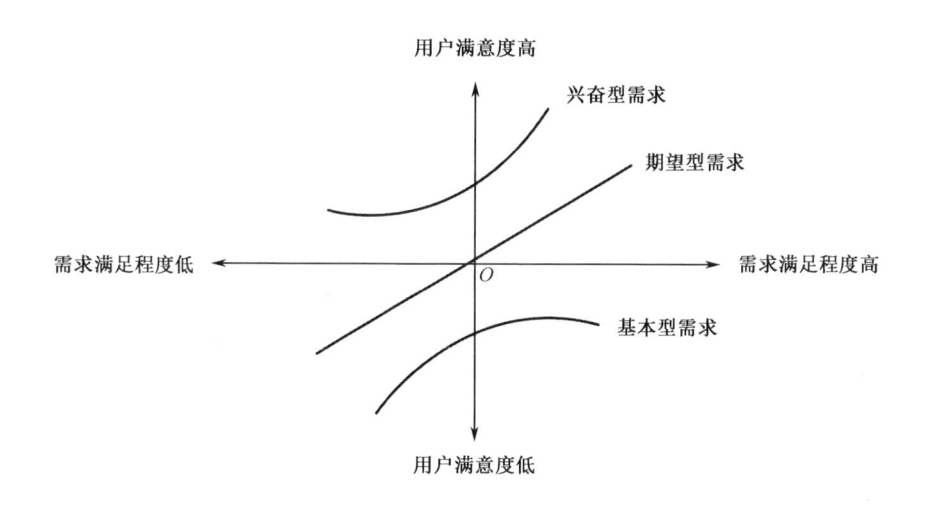

图 2-2 消费者需求层次模型

基本型需求,可以看作目标消费者对这个品类的"刚需",如果不能得到满足,用户会非常不满意;如果得到超预期的满足,用户也不会因此加倍满意,因为他们需要"雪中送炭"从而解决问题。比如用户买矿泉水,解渴是其最大的诉求,包装好看,也许能让用户多看两眼、愿意购买,但并不会成为用户买水时唯一的考虑。

期望型需求，是指这时需求满足程度与用户满意度一一对应，也就是说，如果产品能满足这个需求，用户满意度就会提高；如果没能满足需求，用户满意度就会降低。碳酸饮料，便是符合这类需求的典型代表。当人们想喝瓶饮料时，有时是为了解渴，有时是为了消遣，加入碳酸成分所产生的刺激爽口的口感，以及喝完打嗝儿仿佛把肺里的热气都赶走的感觉，在炎热的季节会让用户满意度直线上升。但如果碳酸饮料味道平淡如白水、气儿也没了，用户的需求得不到满足，满意度自然就会明显下降。

兴奋型需求，是指产品如果没有满足这一需求，用户还是能接受的，但若是恰好满足了需求，用户满意度就会直线上升，品牌的认可度和美誉度也将大幅提高，这也就是人们常说的"锦上添花"。气泡水，就是这类产品的代表。由于这些年大家越来越重视健康，想喝饮料时还能兼顾低糖低热量，所以气泡水从小众品类迅速破圈，成为高端、优质的选择。用户又满意又惊喜，所以气泡水的价格跟普通矿泉水、碳酸饮料拉开了距离，最终成了撼动碳酸饮料江湖地位的挑战者。

通过对这三种"用户满意度"和"需求满足程度"匹配关系的解读，我们能看到用户的需求从简单到复杂，有三类不同的诉求。消费品企业应该意识到，在计划开发一个新产品之前，要弄清楚自己的品类特色，以及这个品类的用户大概率有什么类型的需求，从而判断应该把精力放在产品功能上、品牌宣传上，还是尽可能去挖掘那些用户自己还未察觉到的"兴奋点"。

当然，满足基本型需求，应该是消费品企业的本分。先盘点和了解自己能为用户满足哪些基本需求，能做哪些开发与设计，以保障用户在使用时"不麻烦""很舒服"，这是所有事情的基础。若能做到极致，则企业已足够在市场上获得声望了，等到任务完成，再看看是否要满足期望型需求、兴奋型需求。

说到这儿,我想起业内友人提起的一次经历:某天,他在众筹平台上下单了一款智能垃圾桶,其能自动感应垃圾落入,容量快满时会自动打包,还能在手机端查看、控制,并能与其他智能家居联动,用户能享受云端存储数据等服务。产品看上去很不错,他买回家,用起来小问题不断:感应不灵敏、卡住垃圾袋、连网老断线等,最糟心的是,这款垃圾桶没有充电指示灯,导致他不知道充没充上电、什么时候能充满电。最后,这款垃圾桶被扔进了垃圾堆。

这就是一个活生生的,光顾着满足期望型需求、兴奋型需求,却连基本型需求都没有满足的例子。

兴奋型需求,是一种超出用户本来预期的感受,能刺激用户产生消费冲动,也能带来更满意的消费体验,大部分时候也是产品溢价的来源。对上述轻度卷入的消费品品类来说,"颜值"就是一个很好的抓手。

比如国货雪糕品牌钟薛高,它在均价较低的雪糕市场里选择走高端路线,先不论其定价是否合理,我们只看它的设计,"颜值"是它很看重的产品要素之一。钟薛高采用中式瓦片型设计,辅以顶部"回"字花纹,据品牌官方解释,这象征着回归食材本味,略带弧度的雪糕棒签上还印有不同的标语,比如"只给挑剔的舌头""给自己最好的""是位吃货行家"。每只棒签都传递了一些符合当代年轻人消费喜好的信息,让他们在吃雪糕之余拥有视觉享受和趣味体验。

"颜值"一词最早源于日本,原本用来指一个人"容貌靓丽的指数",今天则扩展到我们生活的方方面面,比如消费品的外观包装、广告宣传,其重要性被戏称为"颜值即正义",好看的事物很容易受到追捧。实际上,颜值经济之所以成为主流,离不开大众对美的本能追求。年轻一代消费者见多识广,我们周围的物质世界也极度丰富,视觉上的精致、独特、创意和美感，可以率先让人眼前一亮，让他们产生好感。

以Z世代为代表的年轻人，比过去任何一代人都要关注"自己"。他们消费任何一件东西，首先需要明确在这个过程中获得的体验，不管是生理上的，还是精神上的。更进一步，他们还希望通过消费这个产品，让别人了解自己是什么样的人，有什么样的品位和喜好，带有什么样的"身份标签"。

这也就自然延伸到产品开发逻辑的下一个问题：产品到底给消费者提供了什么价值。

第二章 如何做好产品：重塑开发逻辑

基于价值如何开发

企业开发一款产品，在为产品定价时，通常采用这样一种思考逻辑：用产品生产成本，加上企业经营需要的利润，再加上渠道流通需要的利润，得出产品零售价格。这时，企业可能还会到市场上了解竞争对手的定价，寻找一个合适的切入点。这被称为"成本倒算法"。

但换个角度看，消费者如果接受这个定价，买了这个产品，就代表他认为他实际支付的费用等于所获得的价值吗？通俗点说，消费者用3元买了一瓶饮料，只因为他认为解渴这件事值3元吗？如果真的如此，有的饮料定价6元、8元甚至更高，它们同样有很好的市场表现，这又如何解释呢？

实际上，消费者的购买行为由复杂的心理因素驱动，在他们眼中，这个产品"值多少钱"并不只是由它的生产成本决定的，还由消费者认为它能带来什么样的价值决定。这个价值越高，消费者愿意支付的费用就越高。我们可以将其抽象化，提炼为一个公式：

消费者价值 = 消费者愿意支付的费用 - 消费者实际支付的费用

"愿意"一词十分玄妙，购买行为是一件特别主观的事情，但恰恰在主观层面上，不同品牌带给用户的价格感、价值感，是不一样的。

同样是无糖气泡水，零度、健怡的价格约为3元，元气森林一上市就立足6元档位，是因为代糖赤藓糖醇比阿斯巴甜高级吗？还是因为它"0糖、0脂、0卡"的概念更打动人？

在国货美妆品牌被 200 元的价格门槛裹挟之时，花西子突破国货价格天花板横空出世，其定价为什么能够与兰蔻、YSL 等海外巨头比肩？

我们从小吃到大的康师傅泡面多为两元一包、五元一桶，但拉面说为什么能卖到 20 元一盒？

同样是现制果茶，虽然喜茶、奈雪的茶已经开始降价，但为什么它们的价格仍然远超沪上阿姨、本宫的茶、一点点，以及多个第二梯队的竞争对手？

这样的例子越来越多，是它们用料更丰富、品质更佳，导致成本显著增加吗？显然不完全是，当消费者愿意为之支付溢价的时候，产品自然可以选择更高的定价，产品的开发逻辑也发生了逆转。这就是品牌的力量。

更细致地说，"愿意"实际上也是分等级的，基本门槛就是，产品能给消费者带来入门级、满足基本需要的功能价值；再进一步到中级，比如价值的提升来自审美，消费者因为产品的颜值而感到美、感到愉悦；再进一步到高级，比如消费者能够通过产品感受到文化的认同，感受到生活方式和价值观的共鸣，这些心灵体验并不直接与产品开发成本有关，却成为"消费者价值"的重要组成部分。

在美国历史上，曾经流行着一句家喻户晓的谚语："年轻时有辆哈雷·戴维森，年老时有辆凯迪拉克，则此生了无他愿"。哈雷摩托，是世界上最有号召力的品牌之一，它将摩托车打造为激情、自由、力量、进取的载体，"贩售"狂野、激情的生活方式和潮流文化，塑造江湖世界的精神图腾。它所塑造的这种文化，让美国至少三代人都为之倾心，让他们甘愿支付比普通摩托车高十几倍，甚至几十倍的费用去得到它，当然不仅仅是因为它的生产成本高，而是因为它带给消费者的价值要比普通摩托车高得多。

苹果的产品开发，遵循的就是这样一套逻辑。我们以苹果 AirPods 2 和华为 FreeBuds 4i 这两款 TWS 蓝牙耳机为例。在功能上，两款耳机使用场景和基本功能都是一样的。在性能上，AirPods 2 能够待机 24 小时，最长使用时间为 5 小时，使用快速充电的话只需要 15 分钟就可以继续使用；FreeBuds 4i 与其不相上下，甚至使用时长比 AirPods 2 还要长一些。

但是，在价格上，AirPods 2 售价是 999 元，而 FreeBuds 4i 是 499 元，如果我们对比市面上其他品牌的耳机就会更加明显地发现，苹果耳机的定价确实要比其他耳机贵。究其原因，一方面我们能从它的产品上感受到审美的价值；另一方面我们也一直在感受品牌背后传递的价值观，这些软性特征，在潜移默化中形成了溢价背后的支撑。

AirPods 据说是库克担任 CEO 后卖得最成功的一款产品，也是最具有苹果创新精神的一款产品。且不说它的工业设计细节处理和即插即用的流畅使用，仅它的系列广告片，就拥有傲人的表现。2020 年，在第 99 届 ADC（艺术总监俱乐部）年度广告大奖中，这支广告片获得了"最佳类目奖"（最高荣誉），以及在视频和品牌内容类的"Gold Cube 奖"。

在广告片中，苹果特意选择黑白色调、深色皮肤的演员来突出白色的耳机外观，从演员的挑选到音乐的匹配，再到整个广告宣传过程中情绪的拿捏，都充满美感，充分展现出戴上耳机，整个世界只剩下自己的音乐背景。所有烦恼和郁闷都消失了，取而代之的是对自己情绪、感受的完全掌控，这不同于常规消费电子产品的功能宣传。

当消费开始精细化升级时，人们消费一件产品，会更在意能否满足精神需求，能否展示自我形象，能否表达自己的内在价值观，这时，产品就与社交绑定在了一起。无论在互联网上，还是在日常生活中，我们都可以将人们的社交行为分为三层（见图 2-3）。

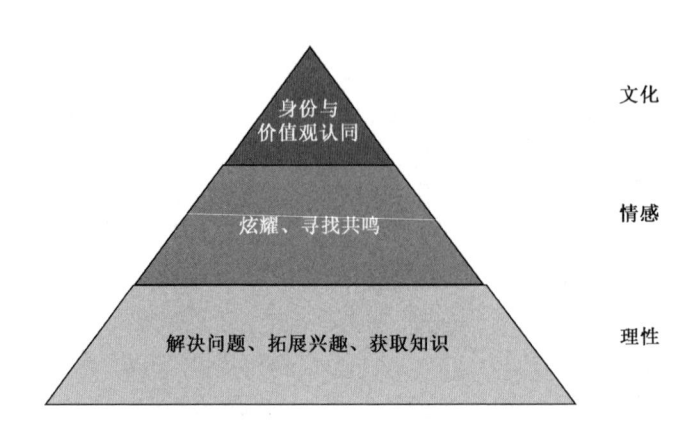

图 2-3 社交行为分层

（金字塔从上至下：身份与价值观认同——文化；炫耀、寻找共鸣——情感；解决问题、拓展兴趣、获取知识——理性）

所以，当人们消费了一些具有话题性的、漂亮的、稀有的产品时，就愿意拍照并发到朋友圈里分享，这就是让开发的产品具备社交属性的第一步。而当产品品牌表达出某些生活态度时，通过使用这个产品，可以让朋友了解你是一个什么样的人，则是开发产品有了更高级的社交属性，能成为某种标签的代名词。

有社交属性的加持，"消费者价值"将被抬高，因为不仅消费者自己使用了这个产品，还享受了朋友的羡慕、关心甚至追捧，感受到品牌价值观的共鸣，意识到在商业世界的喧嚣中，还有一群志同道合的人。消费者通过这个产品品牌而感到不孤独，这些美好的体验都会转化为产品溢价。因此，产品开发的逻辑需要重塑，企业需要思考的不仅是产品的功能，还需要思考在社交行为中，产品和企业如何才能满足消费者需求，成为他们的谈资，成为社交货币。

我们仍然拿"颜值"作为例子，看看满足消费者的社交需求将会产生什么样的价值。产品包装是颜值呈现的第一步，也是产品最容易形成社交属性的卖点。以咖啡品类举例，雀巢咖啡、麦斯威尔等是速溶咖啡类目里的中流砥柱，其包装中规中矩、简单亲民，按照盒装售价来折算，大致一杯是1～2元。近几年速溶咖啡品类异军突起，许多新消费品牌如雨后春笋般涌现，在市场上各领风骚，比如三顿半、永璞咖啡，它们实际上也是速溶咖啡，在使用场景、使用方式上也都没有明显差异，但平均售价一杯却在5～10元。

首先，产品包装所带来的社交属性，提升了产品的售价。两款咖啡都能在第一时间引起消费者的好奇心，让人忍不住想要买来看看。比如三顿半小杯子，模仿了常见的咖啡店纸杯形状，但缩小到迷你的尺寸，加之亮眼的配色和除了大号数字外再无一物的简约设计，让其很容易"出片"，消费者怎么摆弄、怎么拍照都很洋气。而永璞咖啡则是小飞碟造型加上呆萌中国风的石端正IP，时尚可爱又不失中国传统韵味，并且随包装附赠众多石狮子造型的小赠品，让消费者在生活中常能看得见。在拿到这两款产品的同时，消费者就想拍照发朋友圈，"炫耀"自己的审美品位了。

其次，在宣传上也带来了更多的社交属性。三顿半敏锐发现塑料杯包装不环保，可能会造成负面影响，于是很快启动了"返航计划"营销活动，与一二线城市具备当地号召力的精品咖啡馆合作，线上预约、线下回收包装，且用户获得对应积分，三顿半就赠送限量版礼物。这一常规的用户关系管理工作，因加入未来感的星球宇航员元素、质量精美、设计风格统一的环保礼物，而变成了宣传自我标签的稀有素材，附带了环保、未来感等价值观。

而永璞咖啡则创作了大量不同场景的插画，体现出它温柔、治愈的生活方式，后期还随电商包裹附赠品牌宣传册《岛民生活指南》，以虚拟世界中一个节奏慢、浪漫、氛围感十足的小岛，寓意消费者喝了永璞咖啡，将会在现实繁忙生活中获得一丝喘息，同样为品牌附带了享受生活、闲暇一刻的价值观。

有这样"颜值在线"的产品包装设计，又有生活方式与价值观的传递，与传统速溶咖啡相比，三顿半等强调口味、实惠，增添了社交属性，消费者不仅能喝咖啡，还能与朋友分享自己的体验、感受，多重的价值加成，正是支撑溢价的基础。

赖声川曾说："美丽的形式本身，对于观者来讲只有短暂的吸引力，更深入的美感包括了生命的智慧，它能够将观众带入一种内在的感动里面"。如果消费者能从产品中感受到无形的美感，其实也就是被这个产品传递出来的审美偏好、价值观吸引，形成了内心的感动和认同。

打造一个爆品，必然需要利用审美红利，在形式、颜色、比例等这些外形的元素上审慎设计，但必须注意到，成功的产品不仅仅是对外形的经营，更重要的是其内在情感的表达与传递，这样才能真正打造出一个既有形也有魂的爆品。显然，从上面的例子可以看出，仅靠向消费者介绍功能、卖点，已经不能满足他们对产品的期待了。

第二章　如何做好产品：重塑开发逻辑

重塑功能之外的开发逻辑

在本书的开篇，我们就指出，消费者不仅要求产品价格低、质量好，同时还希望能够通过使用这个产品、打卡这个店铺，获得更有意思、更有面子的体验。在这样的大背景下，人们购买产品的动机也发生了微妙的变化。

一是，人们并不是为了"需要"一件东西而去买，而是为了"想要"一件东西而去买，刚需的消费变少了，欲望型、冲动型的消费变得越来越多。

二是，人们开始认为，产品的功能固然重要，但是产品背后的品牌态度也很重要，产品能不能代替消费者展现其爱好、身份，更加重要。比如上文提到的三顿半，它的品牌命名寓意是，一天三顿饭是物质世界，另外半顿是精神世界，年轻群体的创造力能赋予咖啡更多可能性，这与传统的咖啡满足"不犯困"的生理需求已经截然不同。

三是，虽然人们依旧看重价格，但是更关注的是价值。我们一直所讲的"性价比高"不是单纯的便宜，而是指产品的性能和它的价值之间的比值足够高，产品力够强，功能价值和情感价值够高，对比售价，消费者觉得超值，产品自然就会变成爆品。

所以，我们不难发现爆品的逻辑已经变了，除了好用、耐用的功能，产品开发还需要考虑人们的生活方式和价值观。我们用"产品开发三交集模型"（见图2-4）来说明其中的道理。

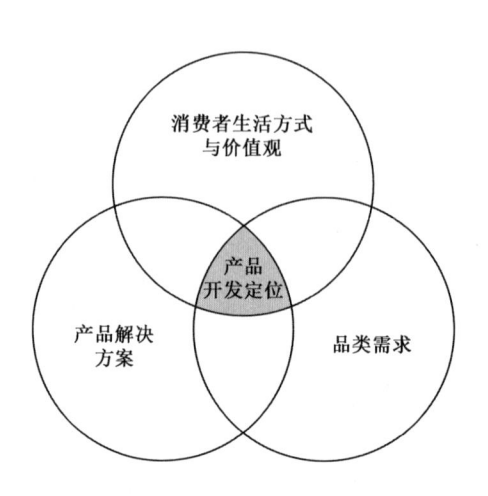

图 2-4　产品开发三交集模型

在传统视角下，消费品企业通常是从技术或功能出发，思考产品的解决方案的，比如产品的优势是什么、技术上如何做到高精尖、材料如何高级，这些思考更多集中在品牌能提供什么的层面上，甚至有时候还会陷入自嗨，误以为消费者要的是"更高、更快、更强"，但并不知道他们真正要什么。

在此基础上，一些企业开始尝试从整个品类需求的角度来看待产品开发。比如基于"解渴"这个需求，诞生了瓶装水、碳酸饮料、茶饮、果汁等多个类目的机会，企业结合自己能生产和研发的产品，为自己选择了产品定位。所以我们会看到，不少瓶装水公司会将产品线延伸到多个类目，或是通过收并购方式，找到切入市场的机会。

"产品解决方案"与"品类需求"两者相结合，很容易诞生基于产品的定位，比如"怕上火，喝王老吉"便是典型案例，前半句描述凉茶品类的需求，后半句则是为消费者提供产品解决方案。当产品具备一定的差异化时，就会给消费者留下深刻的印象。这便是"特劳特定位理论"的原理了，特劳特认为品牌定位反映出的，是在产品层面上消费者心智的竞争。

所谓"心智",就是我们的大脑如何思考、接受和记住这个问题,所以该理论更多关注产品在做宣传的时候,怎么样才能让消费者更容易记住。农夫山泉的"大自然的搬运工",王老吉的"怕上火,喝王老吉",元气森林的"0糖、0脂、0卡",都是这个层面的竞争,基于简单的品类需求和产品解决方案,在品牌宣传和产品宣传中频繁露出,与消费者进行持续沟通。

从整个营销学理论发展演进视角来看,"特劳特定位理论"是在1969年前后出现的,这个阶段市场上的产品种类和相应的广告宣传呈爆炸式增长,"让消费者记住"确实是在竞争中获胜的良方。但在同一年代里,学者也开始研究消费者的生活方式和价值观,发展出一系列新的理论研究方法。

到2000年前后,这一学派逐渐呈现出以"人"为中心的研究特征,学者关注消费者喜欢什么、厌恶什么、焦虑什么,以及他们是怎么生活的,为什么会产生这样的情绪。现代营销学逐渐从以"产品"为中心,转向以"人"为中心。

因此,随着理论发展的不断精进,消费品企业的产品定位也应该随之革新,仅采用"产品解决方案"和"品类需求"这两个交集,显然也是不够的。产品开发的逻辑还必须加入对"消费者生活方式与价值观"的考虑,更多调用人们的生活场景,满足人们心理上的需求。

比如前文提到的网红酸奶品牌 Blueglass Yogurt,如果产品定位没有触及变瘦、变美、变好看的场景,那么它和消费者沟通的点,只能是酸奶的口感、产地、味道等,而当它在产品和品牌定位中体现了"健康生活"的价值取向时,整个品牌的格局就随之打开了。

购买前后如何开发

正如马克思在 180 多年前就预言了如今的经济格局,"体验经济"一词的诞生时间也远比它真正产生影响的时间要早得多。

1999 年,派恩和吉尔摩出版的管理学畅销书《体验经济》将"体验时代"的概念带向大众,书中反复指出,国家要实现经济增长,企业要想打造产业增长的第 N 条曲线,仅仅依赖产品和服务的时代已经过去,必须把体验营造作为一种全新的经济形式。

不难看出,体验经济不断冲击着传统经济形态,慢慢取代农业经济、工业经济和服务经济成为第四种经济类型,消费也正从注重质量和舒适度,开始过渡到注重内心的满足。这种"由物及心"的转变重塑了新消费时代。

体验不可能是一个架空的感受,必然与某个场景联系在一起,场景是体验的载体。什么是"场景"?

这个问题的答案太多了,有人会说是实体店的装修装饰,有人会说是动听声音带来的氛围,有人会说是气味带来的记忆。中国消费者协会消费指导部副主任吕彦玲指出,场景的设置让用户拥有一种身临其境的感觉,这样的感觉有助于他们快速、高效、准确地发现自己的消费需求,产生强烈的兴趣和依赖。

因此,我们有必要将购物者从购买前、购买中到购买后的各个节点,不同场景下的行为表现、心理状态研究清楚,这样当我们在做产品开发时,想到的就不仅仅是实物产品"见招拆招",而是把品牌、宣传、产品、包装、功能、口碑传播等串联起来，变成"组合拳"。这里我们需要特别强调的基本概念是，用户购买某个品牌的产品，就可以称之为"购物者"（Shopper）了，而无论是否购买，都可以称之为"消费者"，所以我们在研究购物行为时用上了"购物者"一词。

表 2-1 是用户在购买大部分消费品的过程中经历的几个不同场景，各自有非常典型的状态，产品和品牌在不同场景下，与用户的沟通内容应该有所侧重。

表 2-1　用户购买场景分析表

场景	角色	状态	特征	产品及品牌内容
购买前	受众	看广告、听朋友介绍、自己留意到	茫然、健忘	我是谁；我和你有何关系
购买中	购物者	到达购物场所（实体店或电商平台），在逛、观察、体验	信息搜寻者	严肃、快速地提供购买理由
使用中	体验者	开始使用产品	注重体验	色、声、香、味、触
使用后	传播者	有使用体验，传播给更多人	好事也出门，坏事传千里	简单易传播的语言、颜色、感觉；有价值的信息

先来看看"购买前"这个场景：目标消费者对这个产品没有产生明确的购买意向，对这个品牌或产品毫无认知。虽然消费品企业投放了一系列广告，与众多 KOL 合作，或是在淘宝、抖音做了直播，但对于茫然又健忘的目标消费者来说，这时他只是广告受众，他要识别和记住的信息太多了，他生活中正在发生的任何一件事都比广告宣传更能吸引他的注意力。在这种情况下，产品需要直接、明确地向目标消费者传达"我是谁""我是做什么的""我和你有何关系"，这是最初与目标消费者建立沟通的关键。所以产品的宣传务必要回答这些问题，突出这些信息，远离自说自话的卖点。

当消费者已经初步了解了这个产品，想要购买时，就来到了"购买中"这个场景。他的角色已悄然变成了购物者。这时能否高效地获得想要的信息，能否快速找到购买的理由，"我好在哪儿""我为什么比别的产品更适合你"是他最关心的，也是产品在这个阶段最应该告诉他的。所以这时要抛弃那些感性的、文艺的宣传内容，要一针见血、直接有效地说清楚，产品的包装这时就非常重要，它充当最能吸引目标消费者的"广告"，包装的每一块地方都要充分用好。无论线上电商的店铺首页、详情页，还是线下货架的陈列位置、装饰品，都承载着宣传产品的功能。

购物者已经把产品买回家，这就结束了吗？消费品企业过去普遍认为产品卖出去之后，跟购物者的关系就结束了，两者之间只有一次性买卖。但实际上，购物者如何用产品，用之后的感受和评价如何，对产品能不能推广出去有关键影响。这时，来到了"使用中"场景，购物者变成了体验者。在互联网时代，社交媒体如此发达，不管是好评还是差评，用户都能轻易查到。所以产品开发一方面可以根据差评做迭代、做调整，更深刻地洞察用户，另一方面也要制造让用户在使用中有记忆点、有话题感的亮点。

因此，消费品企业需要一改过去的传统思维，从产品开发入手重塑品牌和用户之间的联系，捕捉他们对颜色、声音、味觉、触觉等各个方面的需求，让产品体验升级，令用户追随你的品牌。只要他成为你的用户，就愿意跟着你一起成长，成为宣传产品的意见领袖。这样的产品，就是爆品。

同样，用户用过产品之后，也不代表他和企业的关系结束了，这时进入了"使用后"场景，体验者变成了传播者。传播者会把使用感受分享给他的朋友、家人、同事等，在互联网的助力下，好评或差评还会进一步扩散和放大。所以，在这个阶段里，企业一方面要小心把控舆情传播，另一方面，要在产品开发时设计一些简单易传播的内容，如颜色、感觉、语言等，帮助传播者更好地将信息传递出去。

所以，产品在开发的早期应该将前瞻性、整体感的设计融入不同场景中，把事情做精细了，爆品自然就做出来了。

第三章
如何做好产品：批量打造爆品

爆品，作为一种能给企业带来现金流、利润及品牌声誉的事物，一直备受各企业关注，众多企业投入大量时间、精力来研究、打造爆品。市场上对爆品的看法、定义各不相同，但唯一相同的是，大家都希望自己的产品能成为爆品，能不断生产爆品、销售爆品、形成品牌。

如何做一款爆品？要满足四个重要条件：

首先，要有足够大的市场空间，能抓住消费者在一个常见场景中的痛点。爆品之所以能引爆市场，让消费者追捧，很重要的原因是它击中了某个痛点，而且使用场景既常见，又明显，消费者一看就感觉这东西是我所需要的，能感受到它带来的价值。

其次，要有足够的创新，才能引起大量关注。创新不仅可以是技术层面的，还可以是感性层面的。企业可以通过拆解市场上供给方、需求方存在结构性变化的要素，加上自身对未来的预测，重新组合，做出一款新产品。

再次，口碑和传播必不可少。爆品要依靠消费者社交传播来扩散，所以话题性很重要，产品要好看、好玩、好用。设计一些让消费者主动为你传播的热点，从依附于流量到自带流量，才能真正成为更持久的爆品。

最后，产品力本身是最坚实的基础。"打铁还需自身硬"，爆品必须在产品力上做到"用过都说好"，才有机会被以正向、表扬的口碑传播出去，否则一定是坏事传千里。

前文从分析消费者需求的角度探讨了产品开发逻辑的重塑，以此作为爆品诞生的指导方向。接下来我们从数据的视角，看看在爆品的研发、生产、推广、销售等各个环节，新技术如何给予助力和支持，将偶尔一次做出爆款的幸运，变成持续可复制、批量做出爆款的经验。

围绕数据产生的新技术，比如大数据、云计算、AI等，如今已成为绝大部分公司商业模式升级的重要因素。数据化助力企业的决策机制、组织结构、消费者洞察等各方面发生重构，它正在通过提升商业能力和智慧决策能力，帮助企业实现更快速的业绩增长。

有形的产品，通过数字化和服务化，变成数字+产品+体验的组合式产品；在生产环节，通过数字化真正实现了C2M，即消费者反馈决定生产制造，促使经营方式发生根本性变革，实现降本增效。下面就一起来挖掘那些藏在产品背后的数据。

如何建立打造爆款的基础

消费品企业做大做强的三个抓手，一定是产品、品牌和渠道。无论新消费企业还是传统消费企业，运用所有营销工具或创新商业模式，都是为了经由渠道向消费者传递产品及品牌带来的价值，与消费者建立起长期关系，从而持续获得回报，这就是消费品企业的商业逻辑。

在此基础上，新消费企业的过人之处在于有了数据能力、洞察能力。新消费企业如虎添翼，在更敏锐地捕捉消费者洞察，更感性的同时，也主动积极拥抱硬科技，开放地接入数据、算法，以互联网为运行内核。

批量打造爆款的基础，就在于企业拥有一个数据化底座。

为什么数据化能具备如此大的威力呢？而且不仅仅是消费品企业，可以说任何企业通过数据化改造和能力搭建，都可以筑起宽阔的护城河。答案就在于，大数据改变了商业思维。

过去我们无法收集大数据，无法运用相关技术的时候，姑且称之为"小数据时代"吧，当时存在的最大问题就是，我们收集的样本实在太少了。比如我们要做一个消费者新产品测试，出于成本和执行难度的考量，我们可能会收集1 000份消费者反馈，但对比未来可能的上千万、上亿的实际消费者数量，这种样本量小得几乎可以忽略不计。这就导致分析或解读数据存在着很大的局限性。

为了提高分析的精确度，在统计学上我们会用一个方法，就是把希望寄托于样本相对比较相似，而不是随机取样，通过提高相似性让结果呈现出共性。比如我们要分析这个新品的口味是否能被市场接受,我们要去寻找年龄相似、生活地理位置相似的数量有限的一群人来分析。通过样本控制提高分析的精确度,这也许就是统计学总是会出现偏差、错位的原因。

如果这个新品的口味在被测试对象中很受欢迎,新品研发就可以推而广之,我们会认为所有目标消费者都会喜欢这个口味。但实际上,样本只是非常小的一部分人,基于这样的数据和经验,新品真的投放到市场上,企业可能会发现它滞销了,并不受欢迎。

但今天,我们不用付出这样的代价了。正如维克托·迈尔-舍恩伯格在《大数据时代》一书中所描述的,我们可以通过大数据、云计算,收集足够多的样本,甚至可以设置为"全部人"。如果需要的话,下到9岁上到99岁,我们都可以把他们对于这个新品口味的反馈拿去做测试,照样可以计算出统计结果。这样做的好处就是大数据更完整、更混合,用"随机性"而不是"相似性"来提高分析的精确度。因为随机,保存下来的共性就是真正的共性,是更进一步接近事物的真相。

我们周围生活中的不确定性正在增加,世界越来越复杂。要跟不确定性共存,就需要用概率的思维去观察事物的各个方面,然后用概率的计算方式得出一个大概率正确的结论。大数据就在帮助我们完成这一任务。这是大数据能改变商业思维的第一个原因。

此外,大数据能展示事物之间的"相关关系",而非简单的"因果关系",能提供新颖的视角和有用的预测,帮助我们更好地了解世界的运行规律。大部分事情无法简单归因,但相关关系可以给我们提供意想不到的角度。比如事件A和B经常一起发生,我们并不能把它们总结成因果关系,而它们之间的相关关系却有可能诞生商业机会,并能从中挖掘更全面的图景,这就是大数据改变商业思维的第二个原因。

因为有了随机性与相似性，很多原本只能凭经验判断、推理归纳的感性猜测，可以变成更准确、更科学的计算结果。一款产品是否能受到足够多目标消费者的喜爱，不再是应季应时的假想，而可以是有足够可信度的数据决策，从而为成为爆品奠定了基础。

大数据如何选出爆款

企业能拥有批量打造爆款的基础设施,是因为数据化底座通过技术手段采集了很多信息,比如文字、地理位置、舆情等内容,然后记录下来,通过计算进行整理和分析,形成知识,最终变成以业务为核心的使用价值。这个过程会提高决策效率,增加商业智能。

大数据选品,就是在采集文字、舆情和社交信息。过去企业搭建的若干数据库系统,实际上只完成了采集和记录,目的是留有痕迹,可供查询。而今天我们由信息化转向数据化,更多是对数据的应用、分析、挖掘,以使数据产生价值为目的,让分析后的数据辅助决策。下面我们就来看两个以大数据驱动爆款选品的例子。

这么多口红色号,完美日记如何押对宝

逸仙电商拥有多个在美妆个护赛道中知名度较高的品牌,比如完美日记、完子心选、小奥汀等,是典型的多品牌运作模式的美妆公司。但如果我们看它的组织结构,就会发现它更像一个互联网公司、科技公司。

根据"增长黑盒"公众号的深度解析文章及案头研究,逸仙电商的组织结构和岗位设置很有"数据范儿"。在各大招聘网站上,我们可以看到其职位需求有"爬虫开发工程师",其职位描述比较像互联网公司。据说工程师数据团队在其公司内部超过200个,他们在做什么呢?

爬虫开发，顾名思义就是用爬虫技术抓取网络中的相关舆情，并进行商业导向的分析。逸仙电商的工程师随时从 B 站、微博、公众号、小红书这样的社交平台，抓取博主、潜在用户正在讨论什么样的流行色，喜欢什么风格的妆容，在舆情上表现出什么特色，然后进行数据化分析，找出当季美妆的流行趋势。

逸仙电商的完美日记、完子心选、小奥汀等品牌，其消费者都集中在 90 后、00 后女性。她们是天生的互联网原住民，她们生活在社交平台上，喜欢以自拍、街拍、短视频、聊天等多种形式，分享对于美妆、个护、流行的个人看法。完美日记的某个粉丝群，群名叫"小完子玩美研究所 X 群"，有近 400 人，每天至少有上百条发言，有晒单的、有提问的、有爆照的，这奠定了完美日记通过数据化分析进行新品研发的基础。

除此之外，完美日记有多个微信小程序，其私域流量的商城通过接口接入开发实现功能，因此微信商城每一个关于消费的行为，都可以被记录下来并进行后续分析。比如在完子心选这个私域流量品牌商城里，消费者对一个产品点击了多少次，有没有添加到购物车里，买了几件、几次，有没有进行评价等，这些数据都可以通过后台接口进入数据中台。表面上看，前端只是微信小程序的接口，但实际上后台的研发、数据的分析整理等，都由逸仙电商的工程师数据团队完成开发，这就是需要那么多工程师的原因。

企业能直接收到消费者的一手反馈，并指导完美日记、完子心选和其他品牌的销量分析、爆款打造，从组织结构层面深度分析数据。而爆品数据化开发的流程，也值得很多企业借鉴和学习。

而如果我们用传统流程，公司内部可能会花很长时间讨论成为爆款的可能性，倾注很多精力做研发，投入大量成本生产，但只有产品真正上市之后，才能知道其是不是受消费者、市场的欢迎。如果要停产、退市，可能又是很长的流程，库存不断积压，可能形成流通困难的局面。

企业在全网抓取舆情进行分析的同时，坐拥 3 000 多万粉丝的私域流量池。这些直销用户通过天猫、京东、传统电商平台而来，沉淀到官方客服微信号、微信群、小程序上，能持续给新产品提意见，促进版本迭代。比如各个微信公众号都有领取新品、产品试用的活动入口，老用户参与试用并发表反馈评价，能帮助企业做出产品方面的改进。

基于几千万人且持续增加的庞大用户，企业还解决了新品投入市场预售测试的问题。只要将产品放在这个私域流量池里，就能看到这款产品是否具备爆款潜质。私域用户数量还在增长中，也就代表私域仍有增长潜力和空间。

众口难调的口味，元气森林是怎么猜到的

无独有偶，元气森林打造爆款的方法与完美日记有异曲同工之处。饮料企业最难的就是猜中消费者的口味，以果味碳酸饮料为例，除了橙味、柠檬味等基础款，这个月流行葡萄味、下几个月可能流行桃子味。越来越小众、独特、带有区域特色的水果，正在逐渐走向大众市场，比如油柑、黄皮，这些源自华南地区、原本无人问津的品类，突然之间与饮料企业相辅相成，火遍全国。如何抓住多变的消费者口味，做出有创新性的产品，最好还能引领一阵行业口味风潮，正是饮料企业一直探索的课题。

也许你会说，元气森林和完美日记不完全一样，元气森林的 SKU（最小存货单位）数量比不上美妆品类的 SKU 数量。元气森林的爆款打造流

程,也是用数据取代经验做决策的过程。在了解元气森林的做法之前,我们先看看一家成熟、传统的食品饮料企业是如何做新产品上市工作的。

首先,做新品开发需要了解消费者是怎么想的,通常会有一个环节叫作"焦点小组访谈"。企业方成员坐在一间暗室里,通过单面镜观察隔壁房间的受访者。受访者会在调研主持人的引导下,就某个话题展开讨论,比如评价某个新品的口味、包装、卖点等,然后得出一些定性的结论,比如喜不喜欢这个新品、如果要修改会改动哪些地方等。企业方的市场部、产品部及相关调研公司,会一起实时观察,获得受访者的一手反馈。

小组访谈请到的肯定是新品的目标消费者,企业会将他们的反馈整理成报告,在内部走流程、请工厂调整配方、研发创新、修改产品细节、准备上市工作……这个过程如果进度快的话,半年左右就能做出几款新口味或全新系列产品,已经算是流程顺畅、效率较高的情况了。

但元气森林是这么做的:互联网公司有一种测试方式叫"AB 测试",常用于软件开发、互联网相关技术的开发,是指同时上线两个版本。比如一个产品的两个广告版本、一个软件在相同位置的两个不同界面,让消费者在观看或使用过程中自己选择,统计选 A 版本的多,还是选 B 版本的多,最终决定面市的版本是哪一个。元气森林借用了这样的 AB 测试,同时储备着上百个产品,从口味到包装、卖点、概念等,定期对它们进行 AB 测试,经过验证后再投产。

用数据化方式做测试,有庞大的被测试对象、强大的分析能力、随时储备的新品概念,元气森林的平均上新速度是 6 个月之内,最快的 3 个月就能完成。细心的话,你就可以发现,最早上市的一批气泡水中,除了白桃味留下来成为大爆款,其他多个口味已经下架了,而同时近几年又出现了一些新口味,足以证明迭代更新从未停止。

除了 AB 测试，电商平台的销售测试也是要做的，我们可以从站内广告 banner 进入，浏览产品，有些口味并非真的在销售，有些可能只有广告和介绍。通过这种方式，企业也能测试卖点是否受欢迎。同时，线下还有很多便利店，其也在做测试和数据收集，比如一些拥有智能门铃、智能视觉识别系统的门店，就会通过购买数据、动线数据等，分析被测试产品是否符合预设的潜力爆款要求。还有信息流广告 AB 测试，看看哪个版本的卖点更吸引消费者，也是测试的方法。

参加测试的还有私域种子用户，他们是品牌的忠实消费者，加入了品牌微信群或在小程序上留下了自己的联系方式。品牌发起一个新品试用、老品迭代的活动，收集他们的反馈评价，是一件很容易的事。最后，长期持续要做的还有大数据舆情监控，爬虫一直在抓取流行口味的关键词，找到消费者对口味及喜好的需求、全球不同国家、地域风情带来的口味灵感等。

所有这些测试，唯有依靠大数据才能实现，批量推出爆品，必须得用上大数据。

大数据如何支撑爆款

知晓大数据如何选出新品后,一个新品要想真正成为爆款,还要迈向持续畅销的局面才行。销售与备货,就像一架天秤的两端,总是此消彼长、互相影响,很难平衡。产品畅销,往往就要充足备货,提前为各种活动做好准备。但备货不可能准确无误,即使参考同期数据、经验,也难免存在偏差。产品好卖的时候缺货,销售队伍会因此士气大挫;产品不好卖的时候库存积压,成本支出骤然增加,如果产品时令性、季节性再强一些,那么企业唯一的出路就是"清仓甩卖,亏本出售"了。

大部分消费品企业的供应链都要考虑规模经济,单次产量多,原材料成本和生产成本就能下降,所有工厂老板都希望同一规格的产品排产越多越好。但在当下消费需求变化快、消费者喜欢新鲜、有特色的产品的市场环境中,以月为单位统计销售数据,以销定产的传统方式,既不能快速响应市场变化,也不能满足生产线规模经济的要求,推动着企业家寻找解决之道。

库存积压问题若处理不好,就会成为压倒企业的"最后一根稻草",服装行业就是其中的典型。海澜之家曾爆出"男人的衣柜里有90亿元库存"的新闻,曾经红遍年轻人圈子的美特斯邦威,也在长达130天的存货周转期苦苦支撑,"6·18""双十一"等电商购物大节就更容易形成"致命"库存——无法准确预测的销售额、居高不下的退货率、爆品未爆、备货失策,这些都会令企业深陷泥淖。

面对这样进退两艰的库存难题,我们应该从根本症结上想办法。过量库存是如何造成的？是企业爆款订单与市场销售反馈之间的数据延迟造成的。

要想彻底、一劳永逸地解决爆款与库存之难，恐怕没有什么"特效药"。我们虽不能给企业开出一个完美的解决良方，但仍然可以通过观察研究一些做得比较好的企业，总结底层逻辑，启发思路，探索方向。

构建爆品的柔性供应链

企业爆款订单与市场销售反馈之间总存在着数据延迟的问题。下订单的部门当月统计上月的销售情况，根据环比和去年同期同比，预测当月的销量，反馈给生产部门。生产部门收到订单加紧生产，下月交货，但这中间已经过去了一个多月，也许市场上风向早已发生转变。如何才能让对接过程中的数据延迟缩短呢？

根据我们的经验，要从两端入手：终端门店及时上报市场动态的端口，以及生产部门快速调整订单的端口。在从生产订单到门店存货的过程中，需要一条柔性供应链，迅速及时，又有一定的灵活性，将两端的数据串联起来，关键就在这个"柔性"上。

在前文中我们已经看到大数据如何选出爆款，本部分我们将讨论大数据如何助力实现柔性供应链，支撑爆款的生产，灵活调配爆款的销售，匹配企业的库存和产能，降低企业各方面成本。根据商业模式的不同，消费品企业的柔性供应链在支撑爆款打造这件事上，主要分为两大模式，我们称之为"保证畅销品"模式和"避免滞销品"模式。

在介绍柔性供应链模式之前，我们先了解一下普通供应链模式（见

图 3-1）。大部分消费品企业供应链的顺序通常是：从企业的产品研发，到生产制造，再分配到各销售渠道终端及门店，最后被用户买走。

普通供应链模式

研发 → 生产 → 门店 → 顾客

"保证畅销品"模式

研发 ⇄ 门店 → 生产 → 顾客

"避免滞销品"模式

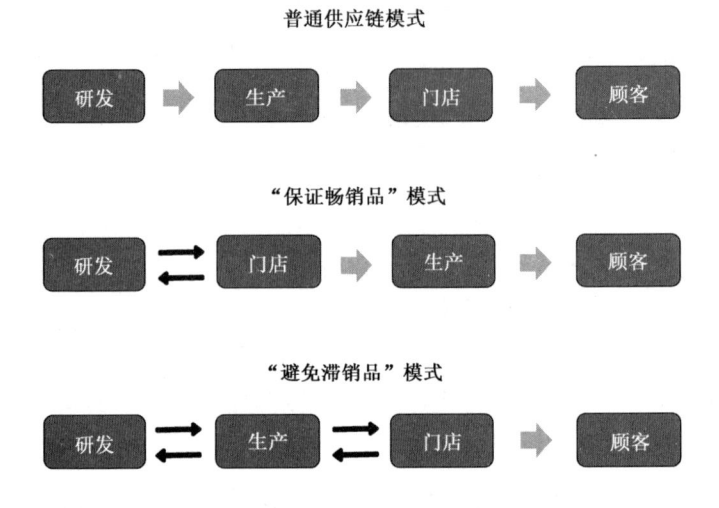

研发 ⇄ 生产 ⇄ 门店 → 顾客

图 3-1 几种模式的示意图

但柔性供应链模式则不太相同。

在"保证畅销品"模式中，企业的产品数量比较少，通常在研发一款产品并推向市场后，终端门店不断收集销售数据和用户反馈，比如对质量的评价、对细节的优化等，都会快速返回研发生产端。企业根据这些数据反复迭代产品各个细节，重新将产品推向市场，重复迭代的过程。由于产品订单量持续叠加，也能保留制造业规模经济的优势。可想而知，在经过几个版本的迭代之后，这个产品既获得了大量用户，又不断升级改良，受到更多用户喜爱，成为当之无愧的大爆款。

在"避免滞销品"模式中，企业的产品数量通常很多，研发、生产环节无论外协还是自己的工厂，都与销售端保持频繁紧密的沟通。虽然产品款式多，但每个产品的单次订单量比较少。销售数据联动起来，企业能根据反馈调整订单，追加产品或停止销售。门店试销如果反馈好，就下第二个小批量订单做备货补充；门店试销如果反馈不好，这个产品就可能不再生产也不再上架销售了。用这种款多量少的方式，能避免库存积压，而且上新迭代速度快，也能减少由人为预判导致误差的情况。虽然该模式的单个产品的数量不如"保证畅销品"模式多，但若干个小爆款持续接力，仍然具备很强的市场竞争力，滞销产品很少，成本也得到了控制。

"保证畅销品"模式如何出爆款

蕉内是近几年迅速崛起的一个内衣、家居服饰品牌，产品涵盖了家居生活中的方方面面，比如男士、女士、儿童的内衣、内裤、袜子、家居服等，冬季与夏季的产品也有不同特色。它自创业以来，最受欢迎的大爆款，就是无缝体感、标签外印的内衣。目前蕉内的整个产品体系已经搭建完成，形成了矩阵式的关系，分为三个不同的维度：材质，分3系、5系和7系，特别明显地标在店铺中，用户可以根据自己的需求或喜好购买；结构，用01、02、03这样的标号代表版型，比如简约、无缝、性感等；功能，夏天会有air系列的产品，特别透气，还有pro系列、color element系列等，分别有不同的功能、特点，一方面展现了不同的穿着体感，另一方面也代表了品牌想要表达的一些生活方式。撑起这三个维度的SKU产品数量并不多，估计全店算下来可能不会超过100款，但已基本上覆盖了各类人群不同家居场景中所需要的衣着。

蕉内是用"保证畅销品"的模式去管理爆款的。它把从电商、门店抓取的产品销售数据快速反馈到研发生产部门，用于指导产品的迭代、升级，所以我们会看到它的产品上新频率不高。研发一款新产品，假设按照生产计划，第一批生产10件，实际卖出8件，最后降价促销2件，第二批下订单之前，蕉内就会收集用户的反馈，比如购买后评价、售后反馈等，再结合电商店铺的"收藏加购"数据、转化数据、点击数据、详情页热力图等，优化迭代产品的各个细节，第二批生产订单在销售效果上可能会比第一批好。

同时，因为订单款式少、数量多，就会有比较好的规模经济优势，生产成本逐渐降低，加上能够不断动态调整产品结构和产品库存，畅销品始终得到了适当的资源支持，且在细节上越来越满足用户的需求，所以肯定能造就销量非常多的大爆款。

食品品牌小仙炖，也是这样用柔性供应链保证畅销品的。

过去几年中在"滋补"这个细分赛道，燕窝、阿胶、人参等品类都涌现出不少新品牌，小仙炖就是其中主营即食燕窝产品的一员。虽然小仙炖在互联网世界的名声毁誉参半，但我们此刻只观察它的生产研发供应链一环。它的产品非常简单，一共三个规格，即45克装、70克装和100克装，在电商店铺还销售月卡、年卡、礼品卡这样的储值类产品。它的购买流程是这样的：按一周、一月或一年的方式，下单购买相应燕窝的瓶子，工厂根据订单数量，以及收到的其他用户的订单数量，生产相应的新鲜炖煮产品，然后冷链配送上门。到用户手里就是一周的量，一个个玻璃小瓶子，包装好的即食燕窝，用户打开直接吃就可以。在订单准备过程中，用户可以随时修改发货时间、收货地址，还能享受客服专属服务，购物体验也不错。

站在企业角度来看，从订单到交货过程中，可以说几乎没有成品库存，都是根据已售出的订单按需生产的，这就可以严控产品成本，提高营业利润。在创业早期，小仙炖出过不少口味的产品，最后它通过大数据分析发现，用户最喜欢的还是传统冰糖口味，所以决定把 SKU 数量降到最低，只留三款，只做规格上的区分，使研发非常聚焦。这种款少量大，且根据实际订单反向定制生产的做法，能很大程度上降低生产产品相关的各项成本，跟前文提到的蕉内一样，它们都是用"保证畅销品"模式，形成了大爆款。

"避免滞销品"模式如何出爆款

"避免滞销品"模式则是完全不同的流程了。SHEIN 是一家低调的跨境电商独角兽企业，它主营服装品类，以女士服装为主，以男士服装和童装为辅。因为它只做国际业务，国内很多朋友甚至没有听说过这家公司。SHEIN 在 2021 年 5 月 17 日美国购物类 App 的下载量已经超越了亚马逊这一巨无霸型 App 的下载量，成为现象级平台，这也是目前中国企业在跨境电商领域取得的最好成绩。

SHEIN 的商业模式与 ZARA 非常相似，都是通过快速、大量上线平价又时尚的服装，从而让消费者持续购买。ZARA 之所以被称为"快时尚"品牌，就在于与传统服装企业相比，快时尚能在更短的时间里，上市数量更多的时装，不拘泥于传统服装按季节上新的运营模式，快时尚更快将全球时装周的流行元素带到普通消费者的生活中。

从表 3-1 中，我们能看到 SHEIN、ZARA 与美国传统服装品牌在上新周期、上新数量、设计速度、产销速度、零售价等方面的区别。

表 3-1 美国传统服装品牌、ZARA、SHEIN 的对比

对比项目	美国传统服装品牌	ZARA	SHEIN
上新周期	一个季度一次	一周两次	每天
上新数量	1000 件/年	2.5 万件/年	5 万件/周
设计速度	6 个月	1 个月	14 天
产销速度	3 个月	3~4 周	7 天
零售价	50 美元以上不等	30~150 美元	5~20 美元
供应链	总部设计,海外代工	总部设计,大部分海外代工	研产销团队都在中国

上新快,款式多,但每一批订单数量少,快速变化,迎合时尚设计元素,这就使 SHEIN 的爆款与蕉内的爆款大不相同,我们可以称之为"避免滞销品"模式。首先研发和原始设备制造商(OEM)的生产绑得非常紧,上新的首批订单数量很少。企业从电商门店获得销售数据后,立刻要让外协工厂调整生产计划,严格控制返单的数量、频次。一旦要跟随时尚风向改变产量、种类和组合,则衣服的款式、花色、装饰物等都要改变,甚至是重新研发,这被称为"小单快反"。

在这种模式里,研发、生产、销售几乎是三位一体的。SHEIN 的设计打版、面料采购、生产加工全链条都在中国,外协工厂大多集中在广东一带,位于广州、深圳周边,虽然成本比全球协同合作要高,但响应速度足够快,过程中的物流成本更低。而 ZARA 坚持西班牙总部设计,大部分生产由越南、泰国、印度等地代工,设计上的调整需要从全球各地的门店反馈到西班牙总部,效率自然低得多。

另外,SHEIN 还有一套自开发的供应链信息管理系统。它的外协工厂有几千家,全都要求接入系统,通过系统把所有供应商整合到一起,用大数据算法进行自动决策。给研发生产端的指令通过系统进行传输,外协工厂收到指令立刻响应,大幅提高了各环节反馈速度和效率,这在别的快时

尚企业中也是少有的。

库存，是关于服装企业生命线的话题，很多企业因为市场变化快，而自身设计生产跟不上，导致新品变库存，大量清货，现金流积压。像SHEIN这样，当产品款式有成千上万种时，只有通过每批订单数量少、快速调整的方法，才能让库存保持灵活，尽量避免滞销品产生。

在另一家食品企业中，我们也看到了类似的模式，那就是休闲零食品牌良品铺子。休闲零食不比正餐，其本来就是人们生活中各个碎片化场景里的角色，单价便宜、尝试门槛低，用户大多出于冲动购买。所以从品类到口味，驱动休闲零食企业发展的就是创新和运营能力，其跟SHEIN这样速生速死的时尚产业倒有些相似之处。

良品铺子目前全渠道的SKU大概有1200多个，一共覆盖了13个大品类，比如肉类的肉脯、肉干，还有坚果、炒货、果干、果脯、糖果等，其中坚果、肉食、果干、果脯是比较热卖的四个品类。根据2020年的数据统计，全年销售额超过1000万的SKU，一共有270多个，这些就是它的大爆款。

良品铺子的"避免滞销品"模式是这样运作的。

第一，良品铺子的研发分为自主研发和委外研发，其中自主研发主要解决技术上的难题，或一些彻底的、大范围的创新，成功后可以有一定技术壁垒的保护，形成竞争力；而委外研发主要解决一些老产品迭代的问题，结合终端用户的反馈，指导生产端进行改良。因为良品铺子的产品品类多，且各自面临的处境不同，采用分层分类管理的研发方式，更能充分发挥整个产业链资源的优势。

第二，良品铺子也有与SHEIN相似的智慧化供应链管理平台，从采购端到销售终端，分别进行大数据分析、预测和计划，用"以销定产"的方式尽可能精准地采购原材料、控制半成品及成品的生产，同时重视品质把控，形成一套完整的产品质量控制体系。食品安全是食品企业的核心，无论怎么生产研发，都得把安全放在第一位。

第三，它在仓储环节使用大数据柔性管理方式，将不同的销售渠道变成灵活共享备货的仓库。良品铺子既有线上电商分销店铺，又有线下店铺，而且线下店铺还分为直营的、加盟的，不管是哪一种类型的店铺，都可以实现数据驱动、货品共享、库存调拨，而且有时线下直营门店还能作为库存前置仓。

在这样的链条上，良品铺子的整体周转率得到持续优化，保证1200多款产品的生产，而滞销品仍然控制在可接受的范围内。

在新消费、新零售的时代大背景下，企业能否搭建起数字化的商业智能底座，成为能否批量打造爆品的先决条件。大数据能帮助企业通过分析、跟踪、测试等方法，选出符合当下市场需求的潜力产品。

而柔性供应链将研发、生产、销售、物流等环节连接在一起，针对款少量多的产品特征，可以不断优化迭代产品细节，使之越来越受消费者欢迎；针对款多量少的产品特征，可以快速响应市场反馈，改变订单数量，实现"小单快反"，不增加额外的库存。不管选择"保证畅销品"模式还是"避免滞销品"模式，都与企业的商业模式、竞争优势、战略选择紧密相关。

之所以能够实现这一切，是因为现在人们拥有了掌握数据的能力，未来的爆品打造，都将离不开数据。

第四章
如何做好品牌：内容决定一切

消费商业模式的核心，就是运用品牌建立起企业和消费者之间的长期关系，推及中国消费市场的庞大叙事，品牌变成国家、民族的文化沉淀的体现。中国持续增强的经济实力和不断提升的民族自信，为中国品牌提供了成长的土壤，一批国货品牌抓住新一代消费者的需求并依托数字技术，在产品开发、品牌打造、渠道拓展上进行创新。"需求洞察"和"数据智能"，正是新消费时代下，新一批消费品企业迅速占领一席之地的核心竞争优势。

本书的第二章、第三章，我们分别从消费者需求和数据技术应用出发，拆解了产品开发的新游戏规则，而接下来的这几章，我们切入"品牌打造"的维度，同样通过案例+方法论的方式，看看新消费时代品牌建设的逻辑。

我们先来回答一个原点问题——品牌是什么？

企业都知道品牌的重要性，然而拥有一个logo，在包装上印一个名字，这算是有品牌吗？打广告、请代言人，这些算是打造品牌吗？我们先回到品牌的定义，看看它到底是什么。

美国市场营销协会对于品牌的定义是："品牌是有形或无形的载体，可以是一个名称、术语、标志、符号、设计，或者它们的结合体，用来识别我，并且能让我的产品与服务跟竞争对手的产品与服务区别开。"

在这个定义里，第一个关键词是"有形或无形的载体"，因为品牌包括名称、术语、标志、符号、设计，或者它们的结合体，这些物理标签及标签的集合体，都是品牌的组成部分。所以，我们通常认为品牌就是一个logo、一个名字，这只是狭隘的认知，充其量只是将其当成了一个商标。

品牌还可以是一段声音，比如英特尔标识性的那段音乐，也可以是一种香味，比如五星级酒店的香味、星巴克的咖啡香气。这些有形或无形的载体都是品牌，它们的作用是提高品牌的知名度、产生差异化，让人们记住并且喜欢。或者我们还可以说，"内容"就是品牌的一切，无论哪种形式，只有用内容这个载体，才能让消费者感受到品牌。

第二个关键词是"识别"。创建品牌的目的是，能够让消费者认出我、记住我，而不是仅仅记住这个logo、这个图形。就好像我们给孩子起名字，想要记住的是孩子的各种生活瞬间，只不过用一个名字能方便地呼唤他，而不是为了记住这个名字，找了一个孩子来承载。这说明，对品牌而言，最重要的是"内容"而不是"名字"。如果企业花大力气把logo印满墙，却没有品牌内容支撑，那就是本末倒置了。

如今，我们的很多企业家客户或朋友，关心的总是建设一个品牌要花多少钱，但他们真正应该关心的是，品牌到底是什么，如何阐述品牌，品牌与消费者是否有关系，品牌与消费者的关系是怎样。把这些原点问题在品牌内容中弄清楚了，企业投入的广告预算、宣传费用才是有价值的，否则不管品牌预算有多少，最终都会打水漂。

第三个关键词是"区别"，这也是创建品牌的目的。消费者选择品牌的理由主要基于差异化。一方面，对于消费者来说，买一个有品牌的东西，要比买一个没有品牌的东西更安全。有品牌意味着信息相对透明，选择风险比较低，满足需求的可能性比较大，品牌降低了消费者的选择成本，降低了社会的监督成本，解决了信任问题。另一方面，根据马斯洛需求层次理论，人们总是在满足基本需求之后，才会追求更高层次的精神满足。品牌可以成为代表消费者自我形象表达的一个符号，能够让消费者产生深刻的认同和共鸣。无论低维还是高维的需求满足，都是品牌差异化的内涵。

对于消费品企业来说，品牌毫无疑问是战略层面的问题。企业要在经营目标、外部环境、内部资源这三者之间达成动态平衡，以品牌的视觉、听觉、符号等形式表现出来，长期连接企业和消费者，确保企业长久存续。

当下，是一个不确定性极强的时代，是一个没有边界的时代，理论界将之称为"VUCA时代"，VUCA意为易变的、不确定的。过去我们认为自己的竞争对手是某一个品牌，但今天对手可能来自跨界的不同领域，它们冲进这个场景把我们打得落花流水。最典型的例子是,过去在超市收银台，口香糖之间是品牌维度的竞争，而今天微信、抖音各种占领碎片化时间的App，让排队结账时人们不再需要四处张望、随手买个口香糖打发时间——一个完全不同的东西，打乱了竞争格局。

在这样的情况下，企业经营需要在不确定性中寻找一些确定性，从若干成熟、成功的企业身上我们看到，企业创立并坚持的初心、经营哲学，也许成了在变化的环境中具备确定性的因素，它回答了"我为何存在""我与别人相比有什么不同"及"我要走向何方"等问题。而在消费品企业身上，换成有关品牌的术语，则对应的是"品牌价值主张""品牌差异化"及"品牌资产累积"。

品牌为何而存在

我们先来看看"品牌价值主张阶梯"（见图4-1）。企业打造出的任何一个品牌或产品，给消费者带来的价值从低到高是不一样的，因此价值所产生的溢价也不同。这回答了企业为何存在的问题，并激励企业不断思考自己的经营哲学。

企业应像攀登阶梯一样，从产品和品牌最基础的功能价值入手，逐渐向上攀登，实现情感价值、自我表达符号价值，以及价值观认同价值。

价值观认同价值

自我表达符号价值

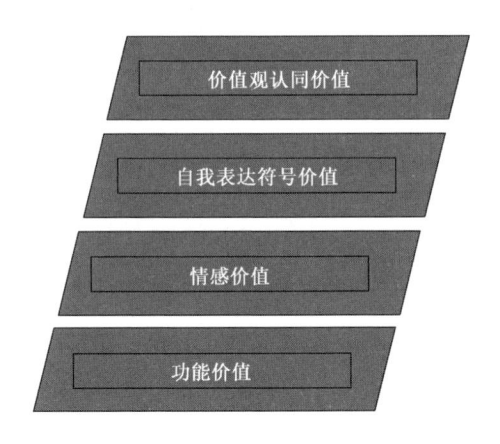

情感价值

功能价值

图4-1　品牌价值主张阶梯

实体产品，比如产品的质量、品质、特性、价格、款式、材质、产地、技术工艺等，这些看得见、摸得着的功能，满足了消费者的基本需要，可以被提炼为品牌的功能价值。如果具备独特卖点，同样可以成就知名度高、美誉度高的优质品牌。

比如优衣库就是这样一个功能价值高的品牌。它的大部分产品都是基础款，但在面料上花了大功夫，其产品夏天吸汗速干、冬天发热、保暖、高弹力。而且优衣库每年都会研发一些新的"黑科技"，以实现面料功能对皮肤穿着的友好。我们留意看它的广告，就会发现广告都是围绕功能价值来设计的。正如它常用的品牌口号：MADE FOR ALL。

第二层的选择，就是品牌提供情感价值。消费者购买或使用这个产品，能够产生一种什么样的情绪？当然我们都希望是积极的、正面的情绪，消费者如果能认同企业的历史、文化等，则品牌就有更多的情感价值。这也将给品牌带来长久的知名度和美誉度。

DR 钻石曾经在网络上掀起热议，它就是一个提供情感价值的典型例子。各珠宝品牌销售的钻戒，其实在功能价值上都是差不多的，大多靠钻石的成色、戒指设计和镶嵌工艺来确定成本。但为什么求婚要选 DR 而不是其他品牌，就是因为它的品牌口号：男士一生只能定制一枚，代表爱情的忠贞和美好。认可它传递的情感价值的消费者，就会愿意溢价购买这个品牌的产品。

再往上一层，品牌还可以定位于自我表达符号价值。每个人都生活在社会的若干个圈层中，从地位，到爱好、品位，都有自我表达符号。而消费者消费某个品牌，有时实际上是在通过这个品牌，向其他人表达"我是一个什么样的人"。品牌和产品在这时成为一个人的自我身份的概念象征，帮助我们在"不说话"的同时表达自我。

这种品牌价值主张的选择，最常出现在奢侈品品类中。很多世界知名的奢侈品品牌，背后都有漫长的历史和丰富的故事，也代表了一些自我表达符号。消费者选择这个品牌，就意味着在"行家"面前，表现出自己的品位。在新消费品企业中，也有越来越多的品牌选择用这样的价值主张来塑造品牌形象，俘获它的目标圈层。

比如花西子，它的品牌口号是"东方彩妆，以花养妆"，从产品设计到品牌宣传，透着浓浓的中国古风。在 Z 世代人群中，喜欢花西子的很多人也是汉服、国潮爱好者。如果他们是汉服圈里的高级玩家，自然希望无论从衣服到饰品，还是到化妆品，都带有中国元素，尤其是如果要拍照、拍视频、发朋友圈，就更需要保持自我表达符号的统一。品牌选择这样的价值主张，并且能够与圈层用户打成一片，则品牌的知名度和美誉度就有极大的保证。

最后一层是比较难实现的品牌价值主张，即价值观认同价值。新生代消费者是自我意识很强的一群人，他们从小接触的信息丰富，见多识广，有独立思考的习惯。因此无论交朋友还是挑品牌，他们都希望能与自己产生价值观的认同和共鸣。

这给品牌建设提出了新的挑战，品牌不能再人云亦云，也不能简单粗暴。要想获得这群消费者的喜爱，就必须真正像个人一样，拥有某个鲜明的价值观。而因为品牌背后的运营者往往是一个团队、一家公司，要维持这样的价值观且不产生负面影响，的确是个艰巨的任务。

立意于价值观认同的品牌，在生活中并不多见，因为它的建立需要众多偶然因素的助推。比如苹果的"Think Different"，还有我们一直关注的 NEIWAI 内衣品牌，都实现了价值观认同。

谈到价值观，就必须跟"内容"和"态度"连在一起。NEIWAI 通过塑造展现女性平等、自由的场景，与目标客群进行沟通，彰显和传达这个时代独立女性所认同和崇尚的价值取向。它设计了多个产品系列，并请具有不同个性的杰出女性来代言。

比如在自由、随性的生活场景，NEIWAI 请张扬、爱笑的喜剧女演员金靖代言，使其与氛围紧密融合；为了呈现居家舒适、潇洒和随意的状态，请王菲代言；针对运动产品系列，请在国际上拥有很高声望的芭蕾舞者谭元元代言，展现了女性自信运动的场景。

此外，NEIWAI 还坚持在每年妇女节拍摄一条品牌宣传片"NO BODY IS NOBODY| 微而足道，无分你我"，启用素人演员，展现不完美的身材、不完美的生活，但每位女性都拥有独特自信的精神，表达了其追求真实、多元的品牌态度。

所以，在"品牌价值主张阶梯"中，除了低维的功能价值，情感价值、自我表达符号价值、价值观认同价值，都离不开"内容"。没有产品、广告片、真人故事、音乐等内容作为载体，品牌的价值主张就无法被消费者识别，就更谈不上记得住了。内容，决定品牌的一切。

第四章　如何做好品牌：内容决定一切

品牌与对手相比有什么不同

再来看看品牌的差异化。品牌存在的目的，就是要与竞争对手进行区隔，让消费者记住自己的品牌而不是其他品牌，所以大体上，品牌定位不外乎三类方法：人无我有、人有我优、人优我强。

"人无我有"，是指在品牌定位时，选择目前相对空白的市场、比较少有的品牌价值主张。它的优势在于，不直接与现有对手正面交锋，不损失兵力，而"曲线救国"能够很容易被消费者感知到。品牌一旦被消费者接受，这种品牌定位的投入产出见效是很快的。不过劣势在于，在物质如此丰富的今天，要找到一个没有被别人占领过，但企业却有条件占领的定位，确实要花不少功夫。

我们拿元气森林来举例。虽然气泡水在功能和品类上不是一个新东西，前有屈臣氏、圣培露，便宜的、贵的都有，但在元气森林上市之前，没有任何一个品牌主打"0糖、0脂、0卡"，也没有品牌旗帜鲜明地将"气泡水"当成主力品类来宣传，这就给元气森林留下了广阔的空白市场。元气森林独一家开始，强力推广气泡水品类，从垂直小赛道变成炙手可热的大类目，重新划分了市场格局。

"人有我优"，是指选择与自己企业的竞争优势更吻合的一种品牌定位，能比别人做得更好，那就"集中力量办大事"，迅速建立品牌资产，并从竞争对手手中抢夺消费者心智。有些企业已经拥有一些与之相关的品牌资产，则可以很容易地延伸到新领域，而且也能够满足覆盖面广的需求，这时选择"人有我优"的品牌定位,可以迅速站稳脚跟。

比如属于上市公司贝泰妮的护肤品牌薇诺娜,其做的是针对过敏性肤质的特殊功能性化妆品。很多大牌护肤品都有舒敏的产品系列,也有一些国际大牌的产品定位于过敏肤质人群。但薇诺娜的品牌定位和宣传方式,一直与医院、皮肤科医生绑定在一起。它邀请不少医生进行专业科普,帮他们养账号,变成大V达人;它还有自己的科学研究院,在过敏领域让消费者感觉很专业,是更好的品牌选择。而且这些也与贝泰妮的企业发展基因有关。贝泰妮创始团队脱胎于云南滇虹药业,本身就带有深厚的研发医学基因,也让用户增加了对品牌的信任感。这种品牌定位的方法,使薇诺娜延伸到其他个护领域,形成"降维打击"。

"人优我强",是指选择一个超越强势品牌的品牌价值主张,进行品牌定位。这种方式能够支撑更高的品牌溢价,简言之就是可以卖得比别的牌子贵。究其原因,主要是在"品牌价值主张阶梯"上,这类品牌选择了身份符号、价值观等高维的、与人们精神相连接的切入点。一旦品牌定位占领消费者心智,其就成了消费者心里的"偶像""寄托",超越了消费的物理意义,而是上升到精神意义,品牌自然具备更强的定价权。

苹果就是这样的品牌。我们在第二章给大家举过蓝牙 TWS 耳机的例子,华为和苹果的耳机,在功能一致、性能相似的情况下,苹果的耳机比华为的售价高出近一倍。这是因为,对用户而言,华为的品牌价值主张,从性能制胜的功能价值到国货之光的情感价值,没有苹果的"Think Different",勇于创新、挑战世俗、追求完美、享受特立独行等价值观影响力强,以至于当那个被咬了一口的苹果图标,变成一代年轻潮人身上的标签、时尚符号。此时,苹果耳机就不再只是耳机了,而是消费者享受自我的小世界的窗口,这也正是苹果耳机电视广告的核心。

所以，品牌的差异化就是品牌定位在不同方向上的"内容"表现。从元气森林气泡水包装上大大的"气"字，成为占领消费者心智的符号，到薇诺娜常年请医生制作大量科普内容，再到苹果用囊括数个大奖的广告片让消费者记住"戴上耳机、听着音乐，就能进入自己的世界"，符合苹果一贯简洁、有力而优美的品牌形象，这些，都是内容达到的效果。

品牌要走向何方

正如凯文·凯勒的《战略品牌管理》所述,品牌资产的累积,伴随着品牌建设的步骤和目标,分为四个不同的阶段(见图4-2)。

第一阶段,消费者能够认识这个品牌,并且能很快从一堆类似的品牌里找出该品牌;第二阶段,消费者能够感受到这个品牌的功效及形象,能分辨出它和别的品牌的差异;第三阶段,消费者开始信任这个品牌,并且产生更依赖、更喜爱的感受,这是一种积极的认同感,让消费者钟情于它;第四阶段,消费者与品牌所创造的内容,形成强烈的共鸣,消费者觉得品牌"懂我",或是觉得品牌是"我的榜样""我想成为的样子",对品牌十分忠诚,非它不可。

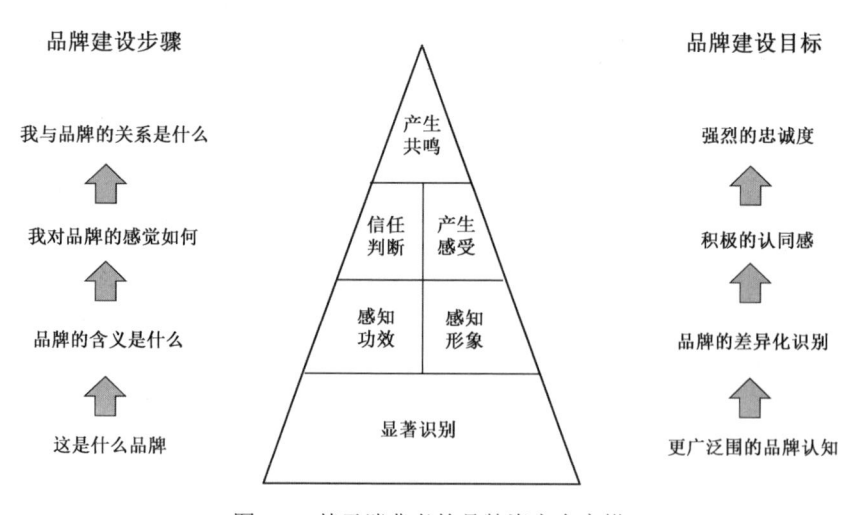

品牌建设步骤		品牌建设目标
我与品牌的关系是什么 ↑	产生共鸣	强烈的忠诚度 ↑
我对品牌的感觉如何 ↑	信任判断 / 产生感受	积极的认同感 ↑
品牌的含义是什么 ↑	感知功效 / 感知形象	品牌的差异化识别 ↑
这是什么品牌	显著识别	更广泛围的品牌认知

图4-2 基于消费者的品牌资产金字塔

很明显,越是处于后面的阶段,品牌的资产也就越雄厚,护城河也就

第四章 如何做好品牌：内容决定一切

越牢固。品牌建设的步骤，往往暗含品牌资产形成的四个阶段，从向消费者解释"这是什么品牌"，让消费者认识它，到向消费者展示"品牌的含义是什么"，能够在物理上或精神上给予消费者价值，再到让消费者明白"我对品牌的感觉如何"，让消费者信任、喜欢，最后让消费者知道"我与品牌的关系是什么"，是不是它能代表我，能替我告诉周围我是一个什么样的人，品牌与我之间是朋友关系、亲人关系还是偶像关系。品牌能一层一层往上攀登，品牌资产也就自然更雄厚了。

让我们以一个闻名全球、历久弥新的品牌作为例子。可口可乐（见图 4-3）是怎样在过去的 100 多年里，穿越漫漫的时间长河，成为资产价值高达 549 亿美元的品牌的呢？

图 4-3 可口可乐品牌广告

回到可口可乐诞生之初，它最早是一种功能性饮料，类似咳嗽药水。上市初期的广告都在讲它的功效，还请了医生背书，就是为了能够让人们快速了解这种与普通水不同的黑棕色液体是与众不同的一种饮品。那时可口可乐在很多沿街药店、零售店门口的冰柜做分销，消费者很容易看到、买到可口可乐，而且可口可乐还往终端发了很多免费券，希望更多的消费者去尝试和感受，这是它在品牌资产累积的"显著识别"阶段的主要行为。

为了让人们"感知功效",可口可乐的整个品牌宣传内容十分简单,突出又甜又有气,喝完会非常爽,能提神醒脑的特点。初步打开市场局面之后,广告内容就换成了"每年售出300万瓶""每年售出600万瓶",让消费者感受到这个品牌有很多人选择,影响力逐步提升。

再过了一些时间,来到了"一战"时期。在功效和口味的宣传下,大部分人都尝过了可口可乐的味道,如果再强调功效反而会固化品牌。这时可口可乐开始利用"感知形象"进行宣传。它强调新鲜、轻松,缓解了人们紧张的情绪,也成功从功能向情感转移。

到"二战"时期,为了进一步强化品牌形象,与"快乐""幸福"这样的感受绑定在一起,可口可乐设计了身穿红衣、白色点缀其中的圣诞老人形象。圣诞老人总是在爽朗地笑着,总是与节日、庆典的欢乐气氛融合在一起。经过长达三四十年的坚持,一方面全世界都记住了圣诞老人的形象,另一方面全世界都对可口可乐产生了更深的信任,只要有它,就会快乐。

随着可口可乐到其他国家设立装瓶厂,事业版图全球化扩张,这时它的品牌内容已变成了让消费者产生更多有共鸣的场景。比如它推出六瓶装的规格,让家庭主妇感受到可口可乐是晚餐的好搭配,也代表着回归家庭的温暖和幸福;比如手持可口可乐开怀大笑的士兵,让军人感受到可口可乐是远方战场上"家乡"的符号,是退伍后的荣光;再如请年轻苗条的都市女性作为代言人,让消费者感受到可口可乐是时髦的代表。

这些针对不同对象,在不同时间段里产生的共鸣,最终使可口可乐直至今天依然畅销。如今,可口可乐的品牌资产不仅体现在logo、颜色上,连玻璃瓶特殊的造型，也成为它的组成部分。强有力的品牌资产就像存钱罐，企业所有的投入，都是为了将来具备产品的定价权、渠道的选择权、新品的先发优势、持久的生命周期，这些会给企业带来更大的收益。而品牌资产，就是物理上的产品，加上持续不断的品牌内容，无论虚构的故事、视觉调性，还是感受的叠加。

品牌内容传播"扩音器"

通过前文的案例，相信大家已经充分了解品牌价值主张、品牌差异化和品牌资产累积的含义，以及"内容"在其中起到的重要作用。在解决了品牌是什么的问题后，我们更要关心品牌如何传播出去，如何让更多人知晓。在新消费的时代背景下，这似乎与内容更加紧密相关。

在 36 氪研究院发布的《新国货白皮书》中，数据显示，2020 年新国货品牌的广告投放渠道，其占比呈现明显的二八原则。选择短视频直播平台做广告投放的品牌主越来越多，而选择户外广告、传统媒介（如纸媒）的品牌主越来越少（见图 4-4）。互联网的互动式传播，已经大面积替代电视、报纸这样的单向式传播，品牌传播的模式正在发生改变。

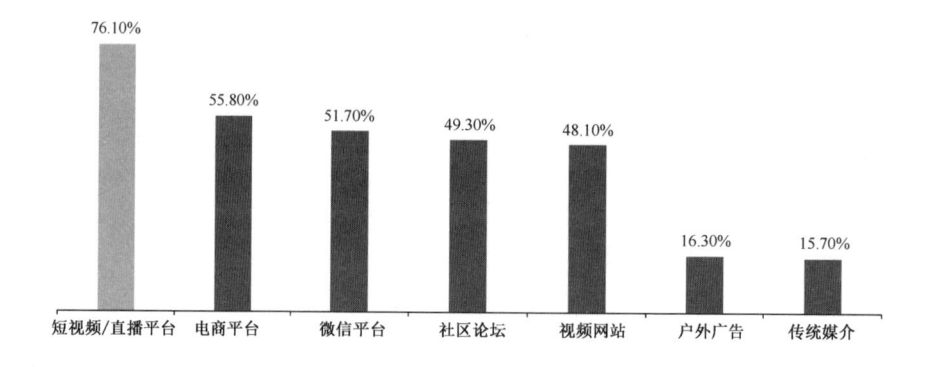

渠道	占比
短视频/直播平台	76.10%
电商平台	55.80%
微信平台	51.70%
社区论坛	49.30%
视频网站	48.10%
户外广告	16.30%
传统媒介	15.70%

图 4-4　2020 年新国货品牌广告投放渠道占比

过去做品牌内容传播，比较成熟的是"传声筒"模式：假设品牌希望接触更多的消费者，通过品牌传播和广告宣传，一大群消费者会对品牌、产品建立起初步认知,成为潜在用户。"传声筒"像一个漏斗,大批认知用户会流失一部分,经过滤,留下一部分好感用户;再往下,更少的一部分用户变成了购买者,他们有可能会复购,逐渐成为品牌的忠实用户。但如果计算一下有多少人接触过品牌并最终成为忠实用户,其流失率肯定让人感叹。

因此,"传声筒"模式最大的问题在于,必然会经历层层流失,所以一定要通过广告投放的频次、数量和范围,增加所触达的认知用户。而传统媒介大多依靠单向传播,比如我们看电视、看杂志,所有广告都只能告诉我们某个信息,品牌说,用户听,用户无法进行任何反馈,无论喜欢还是厌恶。

当下我们观察到,越来越多拥有互联网基因的消费品企业在用互联网的技术和逻辑进行传播,品牌内容的传播更接近"扩音器"模式。最开始也许只有一小部分人是品牌的忠实拥趸,作为种子用户,当品牌内容足够好时,他们愿意自发宣传扩散,从而让更多潜在用户对这个品牌产生好感。之后,他们自发地向外宣传扩散,从而让更多的人认识这个品牌。

而且,品牌不再用说教的方式来做宣传了,其更注重互动。比如在官微下回复网友的评论,以品牌小编的身份与粉丝互动,这样能让品牌主跟用户站在一起,与用户交朋友。品牌牢牢抓住一小群人,用广告投放的质量而非数量来衡量宣传效果。前几年流行的"病毒营销",就是用"扩音器"模式,以一些吸引眼球、能让人自主转发和传播的素材,实现从种子用户到更多用户的裂变(见图4-5)。

"扩音器"模式之所以产生,源于我们在第一章分享过的体验经济时代的特征,短暂、新奇、多样。这使得现在消费者评价一个品牌、一款产品,不仅要看东西是否物美价廉,还要看能否让他在社交圈分享时觉得有意思、有面子。所以，品牌提供的内容和产品能满足消费者的社交需求，他们就愿意分享、扩散出去，让更多人看到。让用户在品牌中找到参与感，成为产品好卖的重要因素。

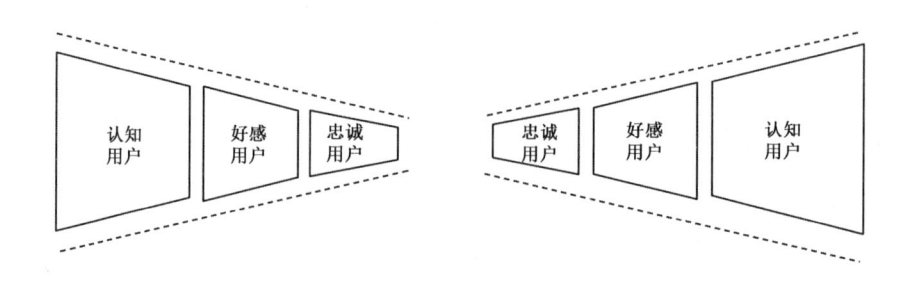

图 4-5　"传声筒"模式和"扩音器"模式

"扩音器"靠什么起作用

现在我们知道，不管你想不想，未来品牌都得靠"扩音器"模式传播。因为信任品牌的消费者更容易购买，成为我们的用户，也因为社交已经是所有互联网使用者的刚需。品牌必须主动将社交媒体作为宣传的主阵地，否则就只能被裹挟着前行。

到底什么样的内容，才能让消费者愿意自发转发、分享？光靠发红包、发优惠券肯定是不够的，驱动人们加入一个社群且在其中互动或者分享，一定有不同的因素。长期研究社交媒体的徐志斌在《社交红利3.0：小群效应》这本书里，对这个问题做了一些解读。

他在书中提出了扩散/裂变驱动因素的模型（见图4-6）。

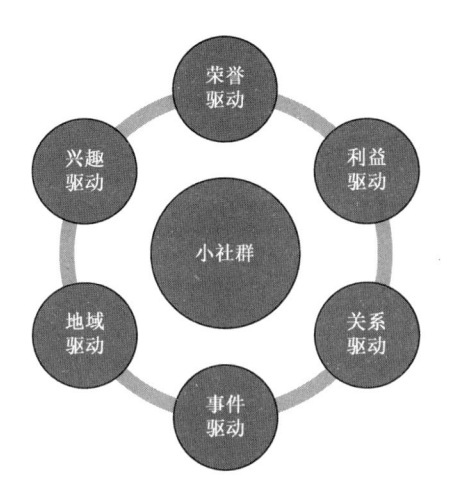

图 4-6　扩散/裂变驱动因素的模型

人们愿意加入一个社群（往往是微信群），在里面互动、聊天、转发内容等，一定是满足了上面六个驱动因素中的一个或几个。

第一种是荣誉驱动，如果内容的创作者，比如品牌方，能够以类似于认证、勋章这样具有荣誉性质的东西吸引用户，那么它会让更多人受到鼓舞，他们就愿意参与到活动中，赢得这个荣誉。消费者也会愿意把这个荣誉分享到朋友圈，满足自己炫耀或者追求共鸣的社交需求，品牌顺其自然就产生了裂变效应。

第二种是利益驱动，比如品牌方能直接提供一些裂变的福利，如优惠券、尝新体验等，使消费者愿意在利益驱动下进行分享和扩散。这个很好理解，就比如发布点评免费领赠品，在此不做赘述。

第三种是关系驱动，大家可以观察一下，现在 200 人、300 人的微信群里面，除了大部分作为"托儿"的角色，其实很少有人说话。但在 20 人左右的小群里，群友之间讨论、互动、分享等非常普遍。这是因为 20 人小群往往是用身份标签、区域标签或者喜好标签组成的，关系简单纯粹，用户就会深入沟通。所以品牌和内容创作者，得想想什么样的内容可以去小群里分享，想想能给消费者提供哪些话题、价值感，发挥最大的作用和打造口碑影响力。

第四种是事件驱动，比如设计一些有吸引力、有传播力的事件，一些特别有意思的活动，让消费者愿意参加，自然也就能把品牌的信息分享、转发、扩散出去了。

第五种是地域驱动，移动互联网技术能实现LBS，基于地点展开活动，能采集不同消费者的本地化地理位置，这就能催生很多新内容，比如线下某地点的打卡、任务触发等。这些小活动在线上线下互动的过程中，也增加了裂变和扩散的概率。

第六种是兴趣驱动，大家喜欢同一类东西，有很多共同的话题，或在同一个圈层里，关注这个圈里的某个大神，那么大神分享的内容、所有参与者之间分享的内容，就会更好地促进裂变和互动。

"扩音器"模式的传播起效，需要优质内容来点火。品牌想提高扩散、裂变的概率，无论在组建社群的人数上，还是在创作内容的角度上，都要满足驱动因素，让消费者自觉自愿地为品牌做口碑宣传。

越好的内容越有商业价值

首先我们要强调一点：品牌的内容并不是指广告、代言人宣传片，或一看就很明显的软文，而是指站在消费者角度，根据消费者与品牌之间的关系、使用的场景、他们关心的事件等，精心准备，形成的丰富的素材。既可以是活动、话题，也可以是联名、短视频，甚至有时润物细无声，看

第四章 如何做好品牌：内容决定一切

似只是微博、微信上一件热议的事、一个来自意见领袖的观点……

这些内容因为优质、有趣、有料、有用，获得了当下最宝贵的资源——关注者的时间，因此只要稍加转化，内容便能成为极具商业价值的"商品"，这一过程我们称为"内容产品化"。在人们越来越依赖互联网、时间越来越宝贵的当下，内容的商业价值被不断挖掘和重视，其直接变现为内容电商、兴趣电商。通过内容让消费者对品牌产生信任和好感，愿意花钱尝试或者再次购买，这便是淘宝直播、抖音、快手、小红书、B 站等一系列内容平台的转型方向。

电商及零售行业有一个通用的商业计算公式：GMV=流量×转化率×客单价×复购率。我们将其套用到内容电商的计算逻辑中，就会发现，流量、客单价、复购率都可以保持不变，而产品的转化率是内容带来的，就由消费内容的时间长度和单位时间里变成产品订单的转化率共同决定。

在内容产品化的逻辑指引下，流量自然等于粉丝数量，消费内容的时间长度，则取决于内容的质量，以及粉丝对内容创作者的喜爱度。比如过去在微博时代，杜蕾斯官方微博账号以最会蹭热点而闻名。每当出现社会事件、到了某个节日，甚至是某个主要城市天气异常，它都会以让人会心一笑的优质内容展示产品，如一张海报、一段俏皮的话。它成为玩梗和借势的高手，让粉丝以长期蹲点杜蕾斯微博评论区，以抢夺最新发布贴的"沙发"为荣，粉丝的内容消费时长可见一斑。

而内容要直接变成销售收入，自然离不开转化率、客单价和复购率。转化率、客单价和复购率，这三者在内容商业里又与什么有关呢？自然是与粉丝对内容创作者的信任度有关。因为信任，所以品牌或者内容创作者推荐的产品，才是用户信得过的产品，用户才敢放心、经常购买。微博时代由于技术的限制，还无法做到"所见即所得"，虽然用户喜欢的内容可以直接链接到购物车，但不好衡量内容带来的销售订单；而今天，我们已经可以非常方便地从喜欢直达购买了。

在微信公众号、短视频、直播的主流时代，比如新东方"东方甄选"直播间的文艺带货突然火爆后，董老师充满诗情画意、人生哲理的解说，以及单词加讲解的推荐方式，让粉丝像在新东方课堂听课一样，追着直播长时间观看，甚至会做笔记、大量发弹幕和评论，衍生的微信公众号文章、采访、短视频、公益活动等不计其数。这带来的经济效果是，直播间任何一款产品，几乎上架就秒光，甚至还没开始讲解就售罄。还有很多网友多次登录直播间，同样的东西下好几次单，多买几次，只为了支持董老师，也犒劳被他感动的自己。

所以，当粉丝对内容创作者充分信任时，不仅自己愿意购买主播推荐的产品，还会转发分享给更多的朋友，商业效果显著。现在很多社交平台以内容输出为主的大V或达人，其创作的内容质量持续处于较高水平，粉丝认可他们，对其充满好感，也愿意主动把优质内容传播到自己的圈子里。当这样的大V带货时，不管是知识付费产品，还是实物产品，用户都会有很强的信任度，订单的转化率、客单价及复购率都要更好一些。同理，无论品牌自己的官方账号成了这样的大V，还是品牌找到彼此契合的内容创作者合作，都能达到这样的效果。

反过来说，在"扩音器"模式下，传统的以粉丝量取胜的逻辑已经改变了。要想提高粉丝的价值，关键不在于粉丝数量，而在于内容质量，由此吸引来的粉丝是优质的，创造的商业价值自然更高。

上述"扩音器"模式在新消费企业中，已有一些具备借鉴意义的案例，比如花西子。其作为以"东方美学"为内涵的美妆品牌，使用了"扩音器"模式的传播逻辑，在品牌建设中进行了三个尝试。

第四章 如何做好品牌：内容决定一切

第一个尝试，花西子用官方认证新品体验官、免费派发新品试用的福利，让忠实用户愿意主动转发。花西子大约于2017年8月开始入驻天猫，开设旗舰店，同期招募新品体验官。这些体验官有的是老会员，有的是没买过花西子产品但对其充满好感的用户。一方面招募活动不断激发老会员的活跃度，让他们感到品牌常在身边，而不是买过就忘；另一方面招募本身就是一种品牌宣传手段，能提高新品牌的知名度。

截至目前，花西子已经招募了近20万名用户成为它的体验官。对于体验官，花西子也并非来者不拒，而是优选了一些表达能力强、小圈子里的意见领袖、有一定影响力且能促进周围人购买的人。比如我们观察到，花西子官网发布的一些用户评价非常详尽、生动，花西子通过发放新品和试用福利，带来了更多用户，也带来更多用户生成内容（UGC），源源不断地供给整个内容生态。

除此之外，这部分内容当中的优质内容，会被花西子筛选出来，进行公示认证并给予用户精神和物质上的小奖励。被选中的用户会觉得自己非常幸运，又会把这个获奖的消息发布到自己的社交账户上，表明自己写的东西变成了官方认可的内容。这样一来一回，产品内容不断创新，不断有更多用户写评论，而且他们会主动替品牌背书，转发、分享和裂变。给用户赠送新产品成本并不高，但企业获得的商业价值很高。

第二个尝试，花西子擅长运用圈层营销，结合圈层文化和品牌宣传，创造了良好的收益。花西子做东方美妆，它的品牌定位和汉服、中国古典文化、国潮这些圈层紧密相关，用好原有圈层中的符号和元素，就能发挥杠杆效应，吸引圈层里的用户自发传播。花西子在微博上做过一个活动，在所有包裹中附赠一张卸妆面膜，邀请用户参加"卸出脸谱妆"的挑战。

这个活动能让用户感知到两点，一是花西子的卸妆面膜质量非常好，能够在短时间内将全脸的彩妆基本上卸干净；二是它深入中国传统文化和国潮圈层，让脸谱变得很有意思，虽然真正卸妆出来的样子一定没有展示的那么完美，但图片效果让用户明显感受到东方女性妆容的美感。这种深入圈层的活动，能够在微博、微信社群中持续扩散。品牌只有敏锐抓取圈层中的元素，并且将其有创意地与商业结合，才能事半功倍。

第三个尝试，花西子发动群众的力量维护品牌正品形象，既保障正品的市场流通体系，又在消费者面前树立了"质量至上"的良好形象。2021年它推出了"年薪30万元，高薪招募打假官"的微博活动，名为"护花行动"，参与活动的消费者被称为"护花使者"，打出"拒绝假货，守护国货"的口号。美妆类目要山寨或者做假货很容易，花西子在3·15期间推出这样的官方活动，借势一年一度的产品质量热点事件，给很多消费者留下了高品质国货的印象。

另外，"高薪"本身就是吸引眼球的噱头，即使用户没有被品牌选中，他们也已经是品牌的关注者了，都会获得试用装。这样的方式，既吸引了注意力，又获得一个不错的口碑，把赠送试用装的行业常规做法运用得恰到好处。

从上面三个尝试中可以看到，花西子在品牌建设过程中，能够充分利用互联网社交平台，构思、设计、传播活动，使品牌传播模式始终符合"扩音器"模式，控制投入产出比，而不是简单地买广告位、用钱砸。

我们相信在新消费时代中，像花西子这样的企业，将会越来越多地涌现。CNNIC的数据显示，截至2021年年底，我国网民人均每周上网时长已达到28.5小时，相当于除去8小时睡觉时间，几乎每个人一周当中四分之一的时间都在使用互联网。这说明在当今互联网大环境中，企业之间的竞争是时间的存量争夺而非增量争夺。自然流量的结构开始发生转变，工具型、购物型 App 的使用时间在减少，而社交、娱乐、视频类 App 的使用时间在增加。正像我们前面所说，这是品牌重新思考、审视传播方式与内容的重要时间节点，也是给品牌提出的新挑战。

此外，人工智能、大数据进一步提升了品牌内容创作的效率，提高了从内容到购买的转化率。比如抖音电商从 2021 年年底开始爆发，很多品牌抓住这一红利期成为抖音平台短视频、直播的优质内容创作者，又同时带来直接的销售转化，其背后就是人工智能和大数据。通过不断优化内容，以算法调整分发机制，让内容优质的品牌和个人获得流量倾斜，成为大品牌。

如今在抖音这样的算法平台上，整个创作的闭环是，当一个内容创作者发布内容时，算法会提取用户关注的兴趣标签，根据社交关系和流量支持，完成兴趣标签内容的分发。视频获得更多点赞、转发、评论，达到一定的阈值之后，算法就会进一步助推扩圈，再经历点赞、转发、评论，进一步突破阈值，扩散到更大的区域。理论上说只要遵循算法，符合粉丝对内容的需求，符合兴趣标签，视频就会越来越受关注，账号所能影响和推动购买的粉丝就会进一步增加。

品牌主或内容创作者虽然无法真正了解大数据背后的算法技术，但我们还是可以尽可能符合游戏规则，让内容分发效率提升、精准度提升、消费者体验提升，并且让消费者因为好内容而传播扩散，帮我们影响更多的人。

品牌为何而存在，要能够满足消费者的功能需求、情感需求、社会属性需求等；同时品牌必须实现差异化，才能在消费者心智中占领一席之地。而往往更高维度需求的满足，尤其是美好的联想、积极的认同、价值观共鸣等，是更强大的品牌资产，能帮助品牌穿越漫长的时间长河，形成极高价值的竞争壁垒。而这一切，都离不开品牌创作出的内容，它是品牌的载体，在高维度品牌价值的塑造中，以愈加丰富的形式（口号、广告、社交账号、短视频、意见领袖的观点等），帮助品牌具象化。

在社会普遍进入体验经济时代，通过互联网获取信息和社交占据了每个人的生活之后，品牌的传播方式开始由单方面宣导、灌输的信息轰炸，逐渐转变为以优质内容击中消费者的需求，代入生动的场景，有趣、有料、有用，让消费者从喜欢品牌到愿意自发为品牌站台。

因此品牌无须再用高成本铺天盖地地广撒网，笼络海量的受众，再层层过滤喜欢品牌、有购买意向、对品牌忠诚的用户，而只须抓住部分忠实用户，不断输出符合品牌定位的内容，设计互动机制，满足其荣誉心理、猎奇心理等，让其转发、分享给更大圈子中的亲朋好友，实现品牌裂变。

在这样的模式下，因为受众对内容创作者、品牌主的好感更多、信任更多，结合互联网更通畅的交易技术，"边看边买"地将品牌内容与购买行为连接到一起，真正实现了品牌宣传与销售合二为一。当然，这一过程给予品牌新的挑战是，如何让品牌内容有创意、实用、触及人心，这些也许比广告投放更难。

第五章
如何做好品牌：以消费者为原点

通常，大家都会认为应该先有一个品牌，才能谈吸引什么样的消费者。尤其是做消费品企业，公司一旦成立，肯定要先有一个名字、注册一个商标，然后搭建品牌。但上一章我们说，品牌创建的目的是，能够让消费者认出企业、记住企业，而不是为了让他记住这个 logo、这个图形。对品牌而言，重要的是"内容"，而不是"名字"，企业做的所有事情，最终都是为消费者服务。所以，这一章我们会探讨品牌与消费者的关系，请大家思考一个问题：先有品牌，还是先有消费者？

在回答这个问题之前，我们先看看完美日记的尝试，这是一种品牌与消费者之间关系的探索。

完美日记是大家很熟悉的美妆品牌，2020 年下半年，集团品牌矩阵中出现了一个特殊的存在：完子心选。逸仙电商旗下大多是自创的彩妆品牌，或是收购兼并的国内外成熟护肤品品牌。但完子心选是一个集合店品牌，由完美日记的BA（美容顾问）团队推出，有天猫旗舰店、微信小程序商城、广州和成都的线下门店，主要的产品是完子心选品牌的护肤品，有自己专属的代言人，是公司旗下一个完全独立运营的板块。

完子心选的成立，却不完全是规划出来的。

在完美日记几乎所有的官方微信公众号菜单栏上，都会有一个"撩小完子"的子菜单。进入其中，就会跳出来"小完子"IP的个人微信号。这是一个以品牌客服为人设的IP，但添加之后由真人与用户互动，帮助用户解答所有关于完美日记的问题。此外在对话中，它也会邀请用户加入以"小完子"为中心的微信群中。

微信群除了推推广福利、产品试用，还会有不少用户互动，他们会问最近什么好玩、什么大热，并不限于美妆个护类目，也会有各种女生日常谈论的小事，同时他们会通过链接跳转到完子心选非常成熟的小程序店铺中。店铺有最新的促销活动、有品牌代言人的动向、有当季主推的美妆个护产品，也有"完子说"这样的社区，用于展示用户的买家秀、产品评价和创作的内容，形成了一个完整的"内容—电商—内容"链路。

如果在微信中直接搜索"完子心选"，也会出现不同的微信公众号，根据不同内容、不同角色，分为推荐类型的"爱种草"、美妆小知识类型的"美妆课堂"，以及更多的粉丝福利号。不论从哪个端口进去，最后都会回归到最开始的"小完子"IP个人微信号上，形成新客到留存的闭环（见图5-1）。

第五章 如何做好品牌：以消费者为原点

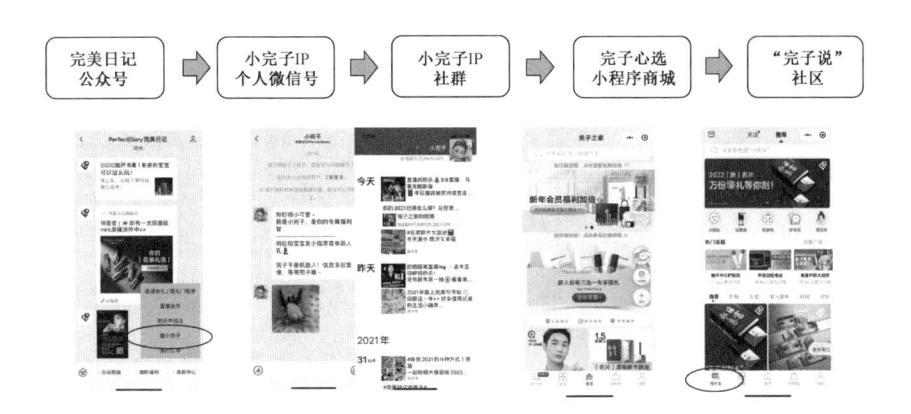

图 5-1 完美日记导流链路

这个闭环，可以通过多个渠道收集用户信息，累积大量的用户反馈，以及用户上传的内容，包括大量消费者行为、爱好与评价。根据这些信息，企业能推算出用户近期更喜欢什么，最终完子心选上市的品牌里，就包含了多种多样覆盖面广的产品，包括隐形眼镜、护肤品、美睫毛的夹子、去黑头的鼻贴等，还有完美日记旗下的不同产品，甚至早期还上架了其他化妆品公司的热销产品。

逸仙电商 2020 年年报中有这样一个数据：2020 年年底，完美日记拥有 3,320 万面向用户的粉丝，他们是公司通过品牌直接触达所获得的用户，也叫私域流量粉丝（Direct To Consumer，DTC）。能与这 3,320 万粉丝直接对话，观察他们的一举一动，就可以了解当下市场上最流行的风格、最流行的型号、最新颖的款式，这些都可以作为完子心选上架的直接依据。无论是不是其擅长的美妆、护肤类目，都因为有了用户的反馈，而得以顺利掌握市场动向。

几乎可以确认，逸仙电商之所以会推出完子心选这个品牌，主要是因为有这 3,320 万私域流量粉丝的基础，从而支撑品牌的发展。对比公域流量，私域流量的成本会更低、企业会更懂用户，因为先有了用户，才有了品牌。

今天，所有的品牌都要考虑如何抓住消费者，如何把消费者放在品牌运营的中心位置上，这是一种关键的思维方式。过去，品牌大多围绕自己的产品做很多广告，着力宣传自家的产品；但今天通过大数据技术，企业能聚合更多的用户，产生不同的、更细分的消费者群体。消费者也许有着不同的需求，或是基于同一个品类有不同的看法，那么从人的角度出发，精细化地提供更多解决方案，再根据解决方案的设置来设计不同的产品，这就是企业串联用户、产品与品牌的一种新思维方式。

这也与品牌营销学的发展规律相互映衬。整理近代营销理论发展的时间脉络，可以看出，经历近百年的发展之后，如今的营销更加聚焦，呈现从"产品"向"人"转移的趋势（见图5-2）。

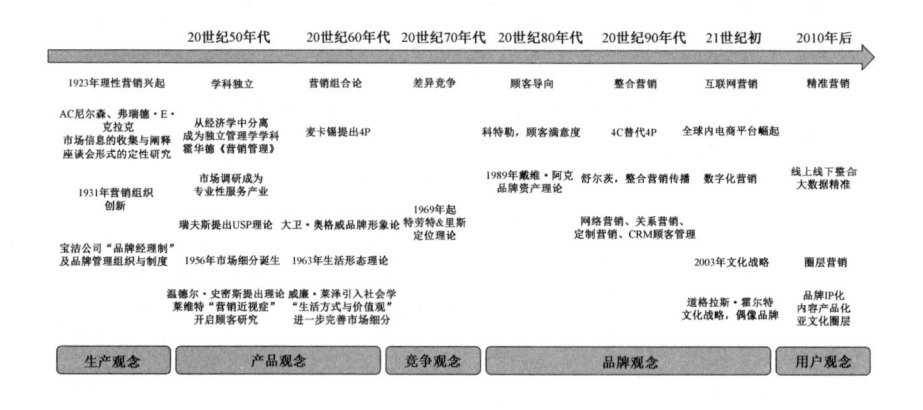

	20世纪50年代	20世纪60年代	20世纪70年代	20世纪80年代	20世纪90年代	21世纪初	2010年后
1923年理性营销兴起	学科独立	营销组合论	差异竞争	顾客导向	整合营销	互联网营销	精准营销
AC尼尔森、弗瑞德·E·克拉克 市场信息的收集与阐释 座谈会形式的定性研究	从经济学中分离成为独立管理学科 霍华德《营销管理》	麦卡锡提出4P		科特勒，顾客满意度	4C替代4P	全球内电商平台崛起	线上线下整合 大数据精准
1931年营销组织创新	市场调研成为专业性服务产业		1989年戴维·阿克 品牌资产理论	舒尔茨，整合营销传播	数字化营销		
	瑞夫斯提出USP理论	大卫·奥格威品牌形象论	1969年特劳特&里斯 定位理论		网络营销、关系营销、 定制营销、CRM顾客管理		
宝洁公司"品牌经理制"及品牌管理组织与制度	1956年市场细分诞生	1963年生活形态理论			2003年文化战略	圈层营销	
	温德尔·史密斯提出理论 莱维特"营销近视症"开启顾客研究	威廉·莱泽引入社会学 "生活方式与价值观"进一步完善市场细分			道格拉斯·霍尔特 文化战略，偶像品牌	品牌IP化 内容产品化 亚文化圈层	
生产观念		产品观念		竞争观念	品牌观念		用户观念

图 5-2　近代营销理论发展时间线

回顾品牌营销学的发展史，百年来诞生了若干极具影响力的理论，指导着商界的各种实践。比如 20 世纪 50 年代在美国产生了理论大爆发，围绕如何提升销售量，产生了以宣传产品卖点、技术优势为主的 USP（独特销售主张）理论。而 4P 理论，关心产品、销售渠道、定价、促销，出

第五章　如何做好品牌：以消费者为原点

发点是企业而非消费者。那时的产品还没有如今这么丰富，所有的品牌建设和营销理论及实际的工作，都是围绕着产品与目标消费者沟通的。稍有些讽刺的是，今天仍然有很多企业做着这样的事，品牌宣传内容基本上都在讲产品功能、技术参数，但很少将关注点放到买单的消费者身上。

随着产品数量和种类越来越多，产品竞争愈发激烈，定位理论出现了，它强调产品要结合广告宣传，围绕着打造独特竞争力，让消费者记得住。定位理论的使用一直延续到当下，并发展出庞大的、基于竞争的体系，因为企业不可能不面临市场竞争，定位理论也变成了企业战略选择的视角之一。

到20世纪80年代之后，品牌观念开始崛起和繁荣。这一时期诞生了"品牌资产理论""整合营销传播"等理论，"4C"也开始替代"4P"被更多企业关注。品牌观念认为，应该逐渐关注消费者如何信任企业、喜欢企业，而4C所代表的消费者（Consumer）、成本（Cost）、便利（Convenience）和沟通（Communication），更是把消费者放在关键位置。

进入2000年之后，互联网不断发展，改变了人们的日常生活，自然也改变了人们对商业世界的看法。社会思潮发生变化，也诞生了比如"文化战略"这样的理论，其主张品牌是历史和社会的产物，应该跟随人们意识形态的变化而调整，要能反映社会文化现象。这更加贴近关注消费者的观点，不仅关注卖给消费者一件产品，更关注是否能跟消费者达成精神共鸣、心灵共振。

时过境迁，2010年之后，品牌营销理论进入用户观念的时代。产品供给爆炸、消费者的选择越来越多、消费者地位越来越高，电商对传统销售渠道的冲击越来越大，企业间的竞争也日趋白热化，就连品牌传播的媒体，也从数量有限变成"去中心化"的自媒体——人人都可以传播，品牌营销工作面临着前所未有的机遇和挑战，这一切都推动了以数据为切入点、更精细化的运营。

品牌营销学的发展表明，越来越多的从业者、学者、理论研究人员，其营销视角从产品、竞争层面转移到品牌、消费者层面，把品牌看作投资、资产的概念。但我们长期行走在企业一线，也观察到大部分消费品企业仍然停留在产品观念上，天性使然，从自己的产品出发来看待市场，尤其是具备一定技术先进性的企业；或者是将定位理论、竞争理论视若圭臬，认为只要能超过对手，就能江山永固。但正如前面完子心选的例子，也许并没有什么独特的差异化竞争口号，也没有什么高技术壁垒的产品，凭借几千万名可直接接触的消费者，就能建立起一个集合店品牌，这个逻辑已经向新时代靠拢了。

先有消费者，后有品牌的顺序，让我们看到品牌不仅由实物产品组成，还包括大量内容，是产品与内容的结合体，共同满足了消费者的需求。正如我们上一章所讲，内容已经是品牌不可或缺的部分。而消费者逐渐成为品牌管理的原点和中心。对于企业来说，无论从品牌定位和传播效果的角度，还是从业务开展的角度，时代都提出了新的要求，更善于调整和适应的企业，无疑将在下一轮竞争中获得更多收益。

第五章　如何做好品牌：以消费者为原点

品牌定位的新方法

千禧年之后，全球主要经济体的主流消费人群开始代际更迭，国际社会将他们划分为Y世代、Z世代和α世代。我们知道人都是生活在一个趋同的社会中的，自然会受到周围人和事的影响。人们不可能脱离他的生活现状、生活环境，生活在一个真空环境里，所以大家都能感受到当下社会的主流文化。这里说的文化不是高大上的或曲高和寡的思潮，而是指我们在日常生活中所感受到的很多现象或社会上一些场景的变化，以及我们自己的一些思维和想法。比如中国人大多吃苦耐劳，以先耕种后收获为生活哲学，这就是一种文化。

但随着时间的流逝，代际更迭了，出现了更多的社会现象的变迁，比如过去的物质生活没有今天丰富，过去的人际交往没有今天方便等，这就产生了不同于主流文化的一些新的、更多元的意识形态需求。简单来说，就是每个人的想法不那么整齐划一了，很难再找出一个所有人都认可的观点，就好像今天也会有不少家庭经济条件优渥的Z世代不再认为要像父辈一样吃苦，他们更相信以热情和爱好驱动行为会更有收获。

品牌，是时代与社会的产物。意识形态更加多元，就会诞生更多元的文化，也会诞生更多元的品牌文化概念。也许这些品牌在功能上、情感上没有本质的差异，但它们结合了某一个垂直的、小众的意识形态需求，被某一群人热爱，围绕着这群消费者的想法塑造品牌，就会产生不一样的品牌（见图5-3）。

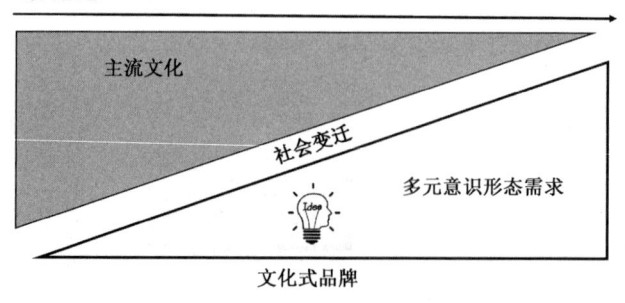

图 5-3 文化品牌战略

让我们来看一个洗护品牌进行定位的例子,其能更生动地解释文化品牌战略的实际运用。通过市场调研,我们从 18~35 岁女性中,按照她们的生活方式、想法、价值观等进行市场细分,分出了四种不同的目标人群,其中有一种被我们称为"自然能量派"。她们是这样一群女孩子:生活非常自律,能够找到工作与生活的平衡点,能停下来为自己的身体或头脑充电,缓解精神上的压力;她们热爱有氧、绿色的生活,喜欢绿植,善待自己的身体,也善待自然;她们年龄不大,进入社会的时间不长,想要快速成长,但毕竟阅历还不够,没什么话语权,像是人畜无害的"小白兔"。

所以,她们性格上比较温和,也不想费时费力地折腾自己,不喜欢烫发染发,追求身心统一。围绕着这样一群女孩,她们希望产品是草本的、植物的、天然的,相对比较细腻、质朴一些,不要那么花哨的、高调的、奢华的,只要能给她们仪式感就好。她们会倾向于买品牌的、可靠的东西,但因为她们人微言轻,所以没什么特别强烈的传播欲望,自己喜欢、自己享受就好,顶多分享给有限的一些好朋友。

现代社会,很多声音是趁着年轻,要尽早获得名誉、地位、财富,除此之外,很多生活上的小细节、情感上的小需求,在很多时候都不值一提,可以选择性忽略,只要能成功就好。这是第一种主流文化。第二种主流文化是，要通过别人的评价来定义自己，告诉女孩子哪些事情应该做、哪些样子应该有，甚至哪些品牌会定义女生该有的生活。

但是在这群 Z 世代的"自然能量派"女孩子的心里，她们有自己的一套逻辑。首先她们会关注生活的细节、产品的质感、小小的仪式感，比如能不能经常有时间读书、听音乐、养植物；她们的野心不大，不想早日出人头地，而是比较自律地平衡工作与生活，希望缓解焦虑。因此她们与第一种主流文化是截然不同的。

其次，她们会很充分地认识自我。Z 世代的年轻人，不管是更包容的家庭环境影响，还是更高水平的教育，都使她们能更正确地认识自我。所以 Z 世代大多不会以物质消费来绑架自己，不追求表面的精致，不用大牌来定义自己，而是希望保持更健康、真实的美感。这不同于第二种主流文化。

有了不同的想法，就会有不同的需求，新的商业机遇就诞生了。可以想象，如果用功能的价值主张或者情感的价值主张来定位这个品牌，无非就是多了一个飘柔或潘婷。但一个新的品牌定位于"焕发生机"，以植物的力量带给你活力，简单、真实、不加过多的修饰，用这样的品牌概念去连接消费者，会更贴近这群有着不同意识形态的年轻姑娘。

品牌如何 IP 化

既然消费者有不同的想法，品牌也拥有更多元的文化，那么品牌是不是也会越来越像一个活生生的人，有人设、有调性，甚至有专属的形象？答案是肯定的，越来越多的新消费企业正在做着这样的尝试，我们称之为"品牌 IP 化"。

IP 化的品牌，确实具备更好的展现效果，且看全球那些以 IP 版权为生的标杆性公司活得有多滋润就知道了，迪士尼就是其中一员。把近几年来火爆的迪士尼动画电影所获得的全球票房收入进行排名，可见第一名和第二名都是"冰雪奇缘"系列，适龄的孩子非常喜欢，两部电影的全球票房分别是 14 亿美元和 12 亿美元，而且直到今年"冰雪奇缘"也仍然在收取各种影视相关版权费用。

同时，你会发现以它的 IP 为主题的衍生周边，几乎覆盖了生活的所有方面，当然主要是儿童产品，比如文具、服装、玩具等。2019 年，《冰雪奇缘》第一部上映的那一年，它的衍生周边销售额就达到了 113 亿美元，是当年票房收入的 10 倍，而且这还只是那一年的战绩，如果累积到今天，收入可能会更多（见图 5-4）。

经营 IP，对于像迪士尼这样做到极致的公司来说，是个一本万利的商业模式。过去"IP"一词特指"知识产权"（Intelligence Property），但今天 IP 的概念更广了，既包括文学、动漫、影视这样的文化作品，也包括很多别的产品，比如国宝熊猫、文物古迹、表情包，甚至顶级赛事，比如美国的"超级碗"、中国的奥运会等，这些文化的载体现在统称为 IP。

票房排名	动画片	全球票房（亿美元）
1	冰雪奇缘2	14.50
2	冰雪奇缘	12.81
3	超人总动员2	12.42
4	狮子王	10.83
5	玩具总动员4	10.73
6	玩具总动员3	10.66
7	玩具总动员2	10.28
8	疯狂动物城	10.23
9	海底总动员	9.40
10	头脑特工队	8.58

图 5-4　近几年迪士尼动画片票房收入及"冰雪奇缘"衍生周边

更进一步讲，通过品牌的符号来实现价值认同、创造和创新，就是现在品牌 IP 化的内涵。IP 化的品牌，既是企业的产品之一，也是企业的文化符号。

品牌 IP 化的具体操作分为两种，一种是品牌与已经成熟、成功的 IP 进行联名，获得对方的流量，并且借用对方的文化内涵建立自身的品牌调性。品牌借势 IP 的做法，主要是借力流量和 IP 本身的魅力。而另一种品牌 IP 化的做法操作难度更大，但收效也更大，那就是自建 IP。根据吴声在《超级 IP》一书中的描述，自己打造一个 IP，共分为四个步骤。

第一步，品牌需要创作很多有价值的内容，通过这些内容获得消费者的信任。这也是内容即品牌的原因。

第二步，信任会带来比较高的势能，过去我们做品牌需要花很多费用、成本与消费者建立连接，比如打广告、做互动，这些都是花钱去买消费者的关注。而现在有了吸引人的内容，有了 IP，消费者往往就会主动找到 IP，在生活中使用 IP，比如将其当成表情包、茶余饭后的谈资，这就是一种高势能、负成本、不主动花钱的连接。

有了负成本的连接，形成了 IP 化品牌自己的流量池，就可以进入第三步了，通过强用户运营将这些流量变现。也就是说，消费者因为使用我的IP，对我产生了信任，甚至用我的IP自创了很多新内容，拉进了品牌和消费者之间的关系。这时品牌再推出一些跟IP有关的周边，比如迪士尼的小狐狸"玲娜贝儿"，就能让流量变现。

第四步，如果消费者对品牌已经产生了信任并热爱品牌，无论品牌拓展什么品类，从理论上来说都是可以的，从而覆盖多的产业链。比如消费者大多不关注迪士尼做的首饰质量能否比得上周大福，也不太在意迪士尼的公主裙是不是最漂亮的。因为消费者为IP买单，也就是为IP包含的品牌内容甚至情感买单，而不是仅仅为某个具体的实物产品买单。如果品牌达到了这样的程度，就可以认为其实现了品牌IP化（见图5-5）。

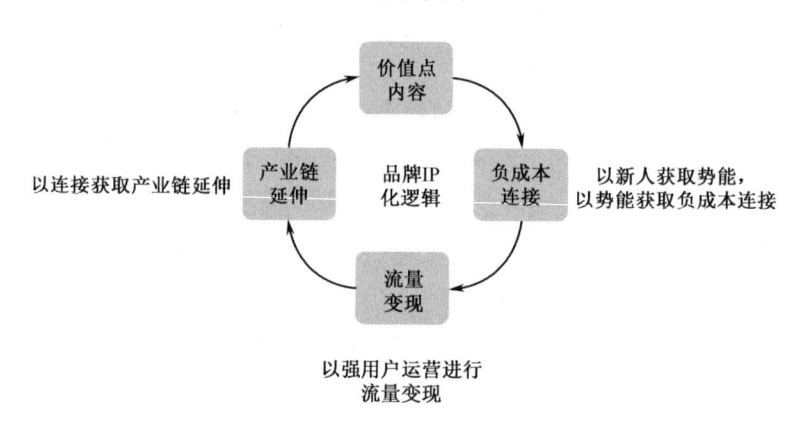

图5-5 品牌IP化逻辑

品牌IP化的确很难，但建立成功的品牌IP就能经得住长时间的商业洗礼和考验，而且还能激活老字号，让其焕发新的生机。旺旺就是这样的品牌，它历史悠久，它的用户如果以前是个小朋友，今天也已经是中年人了。80后儿时可能经常吃旺旺的各种零食，但成年后可能很少再去买了。旺旺经历着整个零食行业井喷式的增长和儿童消费者代际的更迭，品牌IP

已经老龄化了。

但是旺旺已经拥有具备资产价值的 IP，挖掘其内在价值，借此让品牌年轻化，是它比其他老字号品牌具备更强优势的地方。2013 年开始，旺旺进行了探索尝试，重新设计了"旺仔"小人的形象，调整绘画风格，并且加入大量人格化的表达。

在微博上，"旺仔"的形象跟二十世纪八九十年代的已经不太一样了，它从平面包装上的小孩，变成了一系列丰富立体的形象。2017 年，旺旺推出了一系列旺仔表情包，还开展了旺仔讲方言的活动。

人格化的 IP 形成了内容自创生态，有人会主动在微博上画旺仔，模仿他的语气，一部分是旺旺官方品牌行为，但更多的是网友的自发参与，形成了负成本连接。更多消费者开始主动讨论、创作，形成更多 UGC，让旺仔更加人格化、更丰满。

2019 年，旺旺针对 IP 做了更多动作，在盲盒成为热门之时，它推出了 56 个民族版本的牛奶盲盒，发布了仙贝音乐、周边赠品等产品，还尝试以番剧、漫画、网易云音乐等更有年轻人属性的渠道发布联名款产品。旺旺还举行线下的实体周报主题展，除了出售零食还出售周边产品，比如旺仔小馒头沙发。这些模型、线下快闪主题店，使旺旺品牌"好玩、童心"的特色更突出，使整个品牌更加年轻化。

旺旺创作了很多内容，通过内容与新的、年轻的消费者建立了信任，让他们重新认识旺旺。消费者觉得旺旺这个品牌挺有趣的，于是开始使用品牌内容，比如表情包、插画等。旺旺再用负成本连接重新把流量转到自己的产品上，这就是一个典型的品牌 IP 化过程。

怎么做品牌延伸

在品牌 IP 建立起来之后，消费者对品牌产生的信任和热爱，会超越品牌本来所经营实物产品的产业边界，从而产生一种"无论企业做什么我都买单"的效果，这并非夸张。过去，在教科书里，提到"品牌延伸"，企业常被提醒要慎之又慎，但现在，品牌 IP 为我们提供了一种打破经典的尝试。

品牌延伸是指，将在某一产品品类中成功的品牌名应用到其他品类中。在品牌延伸的研究和案例分析中，学者发现根据品牌的不同特征，品牌延伸取得的结果也不同，如何合理利用品牌延伸策略，确保企业向好的方向发展，是品牌主最想探究的主题。学界一直倡导企业应慎重地做品牌延伸，因为品牌延伸带来的结果大概率是负面的。

根据戴维·阿克《管理品牌资产》一书中的描述，原品牌有助于延伸的企业，大多已经建立起可信及可持续的差异化联想，然后将这种联想扩展到新品类上，让新品类的产品快速进行市场定位和传播，帮助消费者认可产品质量、增加联想、提升品牌知名度。在更好的情况下，品牌延伸的新产品可以反哺原品牌，提高原品牌的知名度，同时帮助原品牌增加对新产品门类的联想，发展新线路。

但是，品牌延伸中更多的是负面结果。原有的品牌名有可能无助于品牌延伸，因为大部分品牌都已经建立起了某个具体产品品类的心智，在这样的情况下延伸品牌，会让消费者认为品牌做这个不专业，甚至更糟的情况是，会影响其过去建立起来的品牌心智，让消费者觉得品牌不务正业。

第五章 如何做好品牌：以消费者为原点

除此之外，负面结果的出现还在于，原有的品牌名称与延伸的品牌名称存在明显差异，不利于产品之间的联想，损害品牌的声誉，尤其是当原品牌代表了优质、高级的时候要更加谨慎，否则会弱化品牌联想，失去品牌原有的地位，使已经建立起的品牌资产减少。

已经形成IP的品牌，可以享受品牌延伸的红利，通过已经建立起来的可信、可持续的差异化联想，持续扩展品牌边界。MUJI（无印良品）就是个例子。

MUJI是一家来自日本、销售生活日用品、品类全面的零售门店，主要产品包括生活杂货、家纺、小电器等家居用品，还有服装、食品、美容、个人生活用品等。当你拿起一个MUJI的产品时，很有意思的是，你会发现无论它属于哪个品类，是衣服、小家电还是即食食品，品类差异如此巨大，但你还是会感受到这是MUJI的风格和调性。在不同品类的品牌延伸上，它作为零售商品牌是比较成功的。

不仅如此，从2018年开始，它还非常频繁地将各种比较成功的商业模式引入中国市场。2018年MUJI在上海开了咖啡店、餐厅，然后在上海和深圳各开了一家酒店，其装修风格、床品，周围产品的摆设等，都很有MUJI的调性，让人一看就知道这是品牌原有的风格。2021年年底，它在上海开设了一家生鲜超市，这种尝试展现了它中高端生鲜超市卖场的定位，从装修到陈列，再到整体体验，都很有MUJI的特色。

因此，品牌延展实际上是一种新的商业逻辑。当品牌心智建立在一个产品品类层面时，通常它比较难以扩展，当品牌跨界进入别的行业、别的品类时，消费者就会觉得品牌不专业；而当品牌心智建立在价值观、生活方式、品牌内容、品牌调性等层面时，品类扩展空间就大了很多，我们会觉得自己是为MUJI风格的杂货、生活日用品买单，喜爱它一贯简单实用而又平淡的美感，如果它开咖啡店、餐厅，也一样会保持清新、轻食、健康的风格，这是MUJI一贯的调性，消费者会愿意去尝试。

价值观、生活方式等都是以消费者为中心的关注点，只有品牌从关注产品转向关注消费者，才能建立起IP化的品牌，才有可能成功地进行品牌延伸。

第五章 如何做好品牌：以消费者为原点

怎么做圈层营销

有人的地方就会有圈子，"圈层"就是指圈子和层次，主要是指具有相似的社会标签、社会属性的一群人的集合体。比如我们用的金领、白领、城市精英、新中产这些标签，就是很典型的圈层概念。再如现在的饭圈、二次元圈、科技圈、汉服圈，这些根据相同兴趣爱好划分的亚文化也是圈层。随着 Z 世代的爱好越来越细分，就连音乐圈也会细分成民谣、美声、摇滚、嘻哈、歌剧等圈子。

品牌建设以消费者为中心，那么运用圈层的方式，将品牌产品与消费者之间特定的爱好相互融合，就可以借力圈层获得更好、更"品销合一"的传播效果。同时，消费者如果把品牌 IP 化，将品牌当成一个人、一个偶像一样去喜欢，这个品牌一定能在某个亚文化圈层中成为圈子里用户的伙伴，正如花西子之于国风国潮圈一样。

在我的合作伙伴"青年志"公司进行的圈层营销研究中，品牌首先要评估计划进入的圈层是否具有良好的文化属性和优秀的商业表现，如果两者都有很好的表现，则这个圈层的商业变现较容易，价值会更高；反之，品牌就需要慎重考虑，"叫好不叫座"是不是其想要的结局。

我们先看文化维度。一个有生命力的圈层，一定有非常清晰的身份认同方式，比如圈子内有暗语、黑话，有图腾、符号或别的识别物；具有丰富的内容和生活方式，既有原创的内容，也有基于原创的二次创作，比如很多二次元内容都有同人文章、漫画、影视作品等；此外在圈层中还会有一个完整的、有内部影响力的生态，有公认的大神、大咖，有达人，也有层层传递的沟通方式，还有长期固定交流的场所，比如微信群、豆瓣小组。如果满足上述条件，则说明在文化维度上这个圈层的生命力比较强，容易长久地存活和笼络同好。

如果要选择做圈层营销，除了圈层在文化维度上优质，还需要看它的商业价值，比如规模是不是足够大，增速快不快，人群消费能力强不强，圈层的商业化程度高不高，以及核心圈年轻人多不多。如果这些答案大部分是否定的，则就算圈层文化很活跃，也没有商业价值，品牌无法借力其中完成业绩的增长。因此，品牌决定要做圈层营销之前，一定要先对圈层做好评估，看看是否值得做。

品牌具体应该如何做圈层营销呢？青年志给出了这样的操作矩阵，如图5-6所示。首先，要找到品牌受众与圈层受众重合的部分，其次，要把圈层生活跟品牌所在的品类相关度进行匹配。

	与品牌的受众重合度高	
品类相关度低	可以助力品牌传播（比如联名）	长期、整体的营销解决方案
	暂不考虑	通过圈层实现新用户的拓展	品类相关度高
	与品牌的受众重合度低	

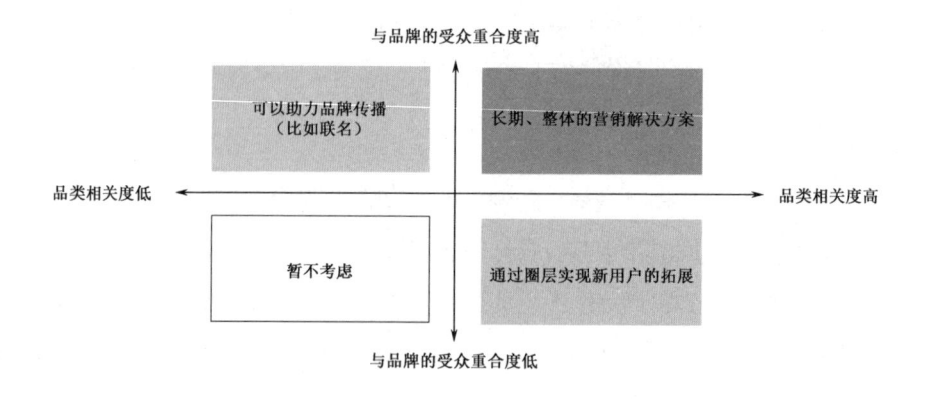

图5-6　圈层营销操作矩阵

如果品类相关度低、与品牌的受众重合度低，就不用考虑圈层营销的打法了。如果品类相关度低，但与品牌的受众重合度高，就可以助力品牌传播，提高品牌的知名度和美誉度，比如做个联名活动，跟这个圈层里的

第五章 如何做好品牌：以消费者为原点

大咖联合开展一个品牌活动，让有同样爱好的粉丝互通有无，大咖的影响力可以传播到圈层中，还能增强品牌特色。

如果品类相关度高，但与品牌的受众重合度低，这对品牌来说等于是一个新的市场，过去有可能接触不到这些用户，通过圈层可以一次性拓展新客，可以帮助更多的圈内人认识品牌，品牌完全可以跟圈层进行借力合作；但也有一种可能，即这群人最终可能不买单。

最后也是最好的一种情况，就是品类相关度高，与品牌的受众重合度高，这些人是品牌想要争取的一群人。这时品牌可以围绕圈层设计整个品牌营销的解决方案，与整个圈层进行合作，进行大量定制化设计。

有了分类识别，才能判断品牌到底适不适合做圈层营销，以及应该选择什么样的合作方式撬动圈层的杠杆，实现效率倍增。

如何开展品牌的圈层营销呢？

首先，当然是将品牌与圈层绑定，形成长期的圈层营销解决方案。这是品牌的战略选择，可能需要基于这群圈内人，重新提炼品牌定位和品牌口号。要把握这个圈内消费者的洞察，了解其生活方式、爱好，甚至是精神寄托和信仰，要把这些洞察融入品牌定位当中。

其次，作为载体的产品和内容，也需要做更多相应的创新，无论设计一些特别版产品，还是让品牌出现在圈层活动中，以及为圈内人定制一些便于他们内部交流的物品或虚拟素材等，都是有效的方法，能够让品牌产品成为圈层中的一个有机组成部分。

最后，要围绕圈层营销，进行营销组织的变革，其中涉及特别重要的一点：圈层里有很多行话或只有圈内人才能听懂的圈内语，如果我们要跟圈层绑定并设计品牌，就必须让圈内人参与、共享共创，最好是圈内大咖，这样品牌的传播将会因为大咖的自媒体能量而事半功倍。

所以，其实我们要让具体产品融入圈层，再加上圈内人的看法，进行价值观的输出，让消费者觉得这个品牌所倡导的价值观是懂他的，只有圈内人才能做得出这个品牌。形成了这样的局面，才能使品牌成为消费者心中深入这个圈层里的工具。这就回到这一章的中心话题，以往旧商业逻辑的出发点在产品，其做的所有品牌营销，都是在做产品；而现在新商业逻辑的出发点在消费者，在粉丝，在圈内人。甚至可以说，这种思维方式的转变，是新旧商业逻辑的分水岭。

如何投资最重要的顾客

我们用定量测算的模型和例子,再次展现消费者与品牌的关系。

20 世纪 90 年代,美国商界和学界形成了"整合营销传播"的理论模型,舒尔茨在《整合营销传播》中描述了"顾客品牌价值公式"。但在当今以互联网为基础设施的中国商业环境中,我们认为以"用户"替换"顾客"是更为恰当的——虽然企业习惯于以是否购买作为着眼点,但实际上,无论消费者已经购买了品牌的产品,还是使用了品牌所创作的内容、成为品牌的粉丝,这些都应当包含在企业关注的范围内。

用户品牌价值,提供了看待品牌与用户之间关系的新视角,即品牌应该投资"价值更高"的用户,所有的品牌投入,都应该与用户能创造的价值(业务收入或毛利)进行挂钩。这样我们才能充分地认识到,企业在品牌建设上花的每一分钱都不是成本,而是累积的品牌资产、用户资产。用户的价值,决定了品牌的价值,反过来,品牌的所有预算,都应该服务于最重要的人。

用户品牌价值的计算方法如图 5-7 所示。

渗透率是公司所拥有的用户数量占该品类的消费者总数的比例。类别购买率是,每个用户对这个品类的产品的年度需求量,按照次数来计算,不同行业、不同品类这个数字不同,比如快速消费品中的食品、饮品、个人护理用品,可能年度需求次数为 5 到 10 次,但汽车、家具的年度需求次数可能只有 1 次。品牌市场份额是,当用户要做购买决策时,有多少概率会选择你的品牌而非竞争对手的品牌,或者,有多少概率选择旗下的 A 品牌而非 B 品牌。边际贡献率直接与销售挂钩,指的是单个产品所带来的收入或毛利。

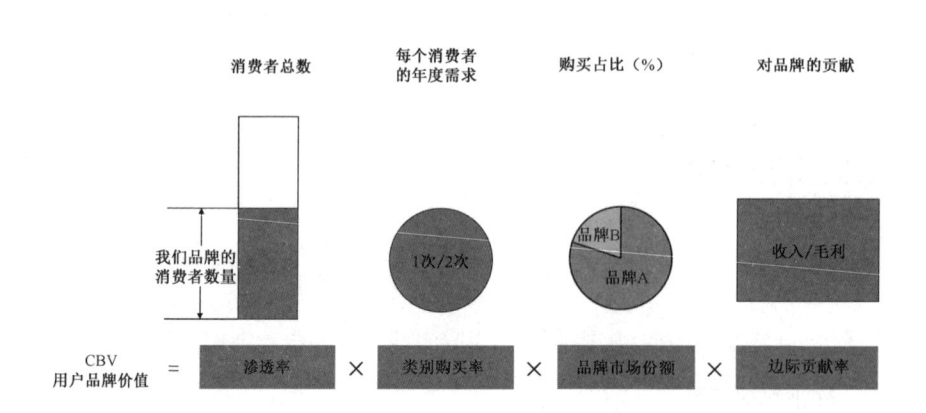

图 5-7 用户品牌价值的计算方法

这个公式希望把用户与品牌的销售表现挂钩，把品牌为每个用户付出的费用与用户给品牌带来的价值挂钩，品牌花的每一分钱都是投资。

接下来我们用一个实际案例来说明用户品牌价值的策略，看看如何通过计算，指导营销预算的计划和投入。

这是一个品牌 X 做会员管理的例子。在会员管理理论中，RFM 模型应用了很多年，已经非常成熟，R 代表最近一次的消费时间，F 代表消费频次，M 代表消费金额，以一年为单位，将品牌 X 的现有用户按照三个指标的组合分为四个群组（见表 5-1）：

表 5-1 RFM 用户群组

	新用户	活跃老用户		高挽回用户		低挽回用户	
标签	0~180 天，尤其重要的是 30 天内	180 天内（普通）	180 天内（VIP）	181~365 天内		365~545 天内	
RFM	F=1,M<2000 / F=1,M>2000	F=2,500<M<1000 / F=2,1000<M<2000	F=2,M>2000 / F>3,1000<M<2000 / F>3,M>2000	F>1,500<M<1000	F>1,M<2000	F>1,M<2000	F>1,M>2000

新用户：在过去的 0~180 天内购买过产品，买过一次，消费金额大于

2000 元，或小于 2000 元；

活跃老用户：在过去 180 天内买过产品，购买次数、金额属于普通和 VIP 类别；

高挽回用户：最后一次购买发生在 181～365 天内；

低挽回用户：最后一次购买发生在 365～545 天内。

然后，用用户品牌价值的计算方法，计算每组用户的品牌资产价值（见表 5-2）。从边际收益来看，新用户的边际收益是比较高的，快要流失的用户的边际收益也很高。这其实不太符合预期：过去人们认为，维护活跃的老用户是最有价值的，因为他们对品牌有好感，而且刚买了产品，很有可能因为促销、优惠等再次购买。但实际上，真正用数据来计算其品牌价值后，才发现这个群体并没有那么有价值。

表 5-2 不同群组的用户品牌资产价值

标签	新用户		活跃老用户				高挽回用户			低挽回用户	
	0～180 天内，尤其重要的是 30 天内		180 天内（普通）			180 天内（VIP）		181～365 天内			365～545 天内	
RFM	$F=1,M<2000$	$F=1,M>2000$	$F=2,500<M<1000$	$F=2,100 0<M<2000$	$F=2, M>2000$	$F>3,100 0<M<2000$	$F>3, M>2000$	$F>1,500 <M<1000$	$F>1,100 0<M<2000$	$F>1,M>2000$	$F>1,M<2000$	$F>1,M>2000$
CBV	0.16	0.10	0.02	0.08	0.03	0.08	0.03	0.09	0.22	0.08	0.13	0.05
潜在顾客数												
现有顾客												
渗透率 P												
类别购买率												

续表

	新用户		活跃老用户				高挽回用户		低挽回用户	
当月品牌购买件数										
当月类目Top10品牌购买件数										
SOP										
边际贡献										
群组边际收益	9.052	706	96	246	29	185	21	2.776	4.137	425	6.053	169

（备注：隐去中间计算过程数据）

新用户可能会再买；快要流失的用户，通过召回行为，会创造更多的价值。有这样的数据基础和结论，接下来就可以策划一些营销活动，以配合电商促销节点。按照分组，设计、定制不同的话术、优惠券，发送促销短信，邀请他们参加电商促销节日的回馈活动。

后来的结果是，发送促销短信及优惠券的投入，带来了 1:338 的 ROI，同时回购响应率也远高于行业平均水平。

这就足以证明，企业在品牌建设上的投入，其资源永远是有限的、短缺的，但如果能够从用户出发，计算用户给品牌带来的价值，再反向指导品牌的投入，则会更加有效。

通过鲜活的企业案例，我们看到了先有用户、后有品牌的可能性。用户成为品牌的中心，在研究用户在社会环境中的变化时，其不同思维方式成为品牌定位的一种新选择。同时，品牌优质内容的沉淀和累积，可以将品牌 IP 化，当品牌获得用户的信任和喜爱时，用户可以忽视它过去擅长的品类和领域，而相信它有能力将这种品牌调性延伸到其他不同的品类上。

而现在的 Z 世代，生活在越来越多元、复合的亚文化圈层中，几乎每个人都会因为爱好、兴趣身处于某个"圈儿"里。如果这个圈层拥有成熟的文化表达体系和完整的沟通传播语境，还有庞大的人群基数、成熟的商业变现路径，则是不可多得的优质圈层。当品牌所在的产品品类正好与这样的圈层有关系，且品牌的受众与圈内人重合度高时，品牌就可以借用圈层营销的方式，更高效地进行品牌宣传。同时，如果企业以用户给品牌创造的价值为计算原点，规划品牌的营销投入，把用户和营收、利润挂钩，则能事半功倍，实现品牌收益最大化。

这一切，都说明以用户为中心的品牌时代已经到来。

第六章
如何做好品牌：把成本变投资

品牌，已经被证明是一种强大的无形资产，它为企业带来消费者愿意尝试购买的勇气、持续购买的忠诚，也就为企业带来了实际的财务价值。

从资本市场对企业的估值，从分析师衡量监控与预测企业价值的模型中，从一系列数据和案例中，我们看到为了构建和维持强大品牌而进行的投资，可以为企业和股东带来卓越的回报。从企业的长远发展来看，品牌建设绝对是一项超值的、至关重要的投资，尤其是在以品牌为基本商业模式的消费品行业，这一特征从过去到未来，都占据了商业竞争的主要领域。

然而，很多企业家对于品牌建设到底是什么的问题，认知仍然较为模糊，认为品牌建设就是打广告、做促销、请代言人。然而这些只是战术，品牌建设是典型的战略问题，就像我们前两章所阐述的，品牌能抗风险，对跨文化、跨行业经营也有重要作用，是吸引 Z 世代新消费者，吸引优质人才加入公司的重要因素，品牌建设是进行培育和投资，而非成本。

同时，如今品牌建设的难度越来越大了。在当下这个以互联网为基础设施的时代里，数字化营销是品牌建设的不二选择。数字化营销从 1.0 阶段，流量红利尚存、转化率较高，到 2.0 阶段，精细化运营、差异化运作，再到 3.0 阶段，强消费者，弱产品，品牌建设的核心变成了消费者心智的运营，表现为消费者需要情感的连接。消费者需要与品牌建立起信任、亲密的关系后，才能对品牌忠诚，一旦产生了忠诚，他们又会主动分享给更多朋友，形成品牌的口碑裂变。这种思维方式的转变，以及品牌建设复杂多样的具体操作手法，给品牌建设者带来很大挑战。

在财务科目里，品牌的相关投入应该计入"销售费用"，显然它是企业经营所需花费的成本之一，直接影响净利润。在此，我们并非探讨财务科目，而是探讨如何将品牌投入从成本变为资产，希望通过一系列案例和商业现象的描述，让更多的消费品企业明白，未来品牌将会与企业营收挂钩，现在是时候掌握用大数据、云计算等新技术规划品牌投入的方法了。

做好千人千面的广告投放

"千人千面"在品牌营销界已不是一个新鲜词语了,它已出现近十年,主要是指根据大数据进行广告投放,能够增加广告投放的效率。数据是驱动商业模式底层重塑的重要因素,它影响着产品升级,影响着柔性生产,也在企业经营管理的各个方面影响了智能决策,比如营销组织的变迁、迭代。所以总体上讲,数据在各个层面上,为我们的整个商业组织进行多维度重塑,帮助我们的业务随着这种商业能力的升级重塑,从而获得更多的增长。

近些年来,投放形式已经变成了"预算—数据分析—方案—花费"的新形式。新消费时代的消费品广告投放,围绕销售目标人群,以及合适的媒体投放平台和投放方式来评估预算范围;分解目标人群之后,利用 DM 即大数据后台处理工具、媒体标签等选出需要同步的人群,加以媒介组合的方式进行广告投放,形成全网媒介协同。在投放之后,通过计算出人群实现转化需要触达的次数,再次收集媒体投放结果的回流数据,长期跟踪人群数据和投放效率,让整个过程形成数据闭环。

这个闭环,加入了人群数据分析,使消费品企业的预算和媒介转化率都能量化并呈现出来,并通过对数据的实时监测,不断迭代,提高整个组织系统的效率,这就是传统媒体投放和新的数据环境下媒体投放最大的区别。而且因为有了数据工具和思维,企业能够跟电商销售挂钩。最后,评估媒介的效果不仅停留在消费者行为上,而且可以停留在真正带来的销售或投放效果跟踪上。

第六章 如何做好品牌：把成本变投资

人群数据分析，也不再仅局限于某个城市、某个电视台的观众这样粗放的层面。以连接到淘系电商的生意模式为例，通过数据分析可以把人群分为十大类，包括淘系站外人群、跨品类相关人群、行业竞品搜索人群、非旗舰店品牌购买人群、已购人群、搜索品牌人群、粉丝尚未购买人群、会员未重购人群、收藏加购人群、历史预测复购人群。在逻辑关系上，他们从未进入这个品类的潜在用户，到开始关注这个品类但还不是品牌的潜在用户，到成为品牌的用户，最后到多次购买的活跃用户或沉睡用户，这是层层递进的。有了对不同状态下的用户细分，就有了对市场的预判。品牌主可以根据不同状态的用户特征，采用不同的投放策略，以实现定向针对性吸引目标用户的效果。此外，还可以根据当期公司战略的重点调整投放策略，让广告投放更加有指向性，增强广告投放的效果。

甚至，目前各大长视频网站（比如优酷、爱奇艺等）都在探索新的植入广告形式。针对同一个网站的会员用户，网站会根据消费者与品牌之间的不同关系展示不同的广告。用户在同一时间段收看同一部影视剧，剧中相同位置出现的品牌植入广告却是不同的。比如热播剧《隐秘的角落》中，男主角妻子开的那辆车，植入的品牌可以通过人工智能技术被实时替换——当观众是年轻女孩时，品牌可以是甲壳虫、mini cooper；当观众是中年男性时，他所看到的车就可能"调换"成保时捷或 SUV。传统的影视剧植入广告，内置内容只能在作品拍摄时预设进去，后期定型上线就改不了了。而新方式下从制作到投放，所用时间缩短到 1 分钟，可以实现"实时生成"，自然千人千面就可以实现。而且因为广告接近影片原生态，也不会影响消费者的实际体验，真正做到"润物细无声"。

关于大数据的应用，我们还可以尽情畅想一下未来：大数据不仅体现在枯燥的数字应用上，还有很多鲜活感性的一面，比如现在越来越多的平台、品牌都开始设计自己的虚拟 IP。比如早期的初音未来、洛天依，到现在一夜爆红、增加 500 多万粉丝的抖音 IP 柳叶熙，这些自创 IP 吸粉不计其数。自创 IP 也可能会带来新的广告变现可能性，比如天猫就和名人合作，形成虚拟代言人；花西子也通过 3D 和 AI 建模，构建自己的虚拟代言人。

过去企业受限于 CG、3D 建模等高昂的制作成本，无法广泛应用，但今天元宇宙可能会彻底改变企业业务模式、盈利模式、商业模式。也许不久的将来，我们每个人都会有一个虚拟形象，就像游戏里的角色拥有不同的皮肤。

广告的投入不再只是费用，而是沉淀为一种资产、一种品牌形象，同时还能规避明星在现实生活中"塌房"带来的负面影响。

内容+电商，传播效果倍增

"千人千面"的广告投放，在当下电商业态闭环已完整的环境下，将使品牌传播的效果提升，而且直接促成成交、转化。

我们先来了解电商业态的演变过程。"人—货—场"三角，是消费品零售业态这些年用得最多的商业逻辑之一，"人"是指用户、消费者，"货"是指产品，"场"是指营造出来的场景或环境等。如果从"人—货—场"三个维度解释，消费品企业主流电商业态，从早期搜索电商占据市场的主流，即以货为主，发展到今天在新消费时代背景下需要以"人—货—场"三头并进，同时推动。具体来看，电商演进分为以下几个阶段（见图6-1）。

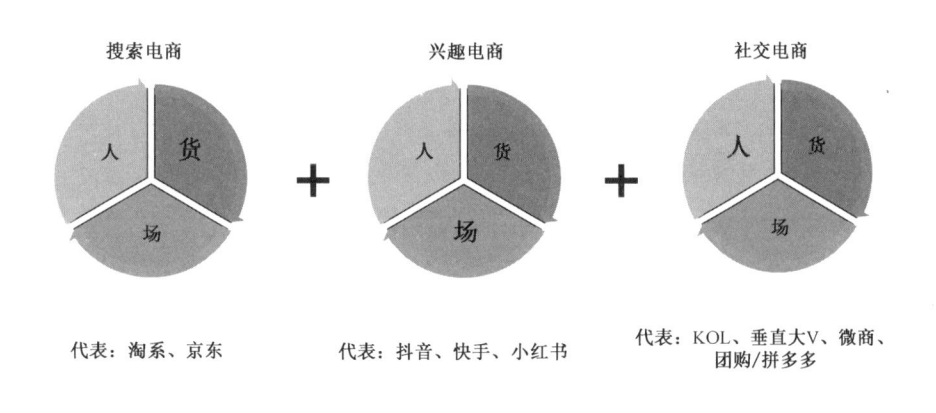

搜索电商　　　　　兴趣电商　　　　　社交电商

代表：淘系、京东　　代表：抖音、快手、小红书　　代表：KOL、垂直大V、微商、团购/拼多多

图6-1　电商演进阶段

搜索电商：货

早期淘系、京东等搜索电商主要以货为中心，通过大量铺货来满足消

费者的需求，从而产生交易，这是第一代的电商逻辑。从图书、3C电子，到后期各种琳琅满目的商品，主要的目的是促成交易，这也是如今主流电商平台依然在用的逻辑，我们常年服务的跨境电商公司亚马逊的逻辑同样如此。

在这个模式下，货是最重要的，电商将成千上万的货铺到平台上，重货、轻人、轻场，这个模式可以简单直接地满足消费者需求。而影响品牌主直接利益的，则是其产品主图质量、店铺评价、促销力度和爆款数量，这些与店铺的运营有非常大的直接关系。消费者先产生购物需求，通过平台搜索，然后购买，这就是以"货"为中心的搜索电商逻辑。大数据在其中的应用是，将产品更准确地推送给合适的目标消费者。

兴趣电商：场

第一代的搜索电商不断迭代，产生了各种"买家秀"，也就延伸出第二代电商，即兴趣电商。小红书、快手、抖音等UGC平台诞生，在吸引了一大批寻找娱乐向内容的观众之后，电商的视野也进入了这个场景之中。消费者在浏览不同娱乐向内容的同时，如果觉得刷到的产品有意思，并且对产品产生兴趣，就会进行购买。

在这个模式下，内容，也就是"场"，是最重要的。各个品牌主通过入驻主流UGC平台，创作了吸引消费者眼球的内容，让消费者产生兴趣，顺势推动消费。在这个过程里，消费者通过所看到场景的深入和变化，进行购买决策。所以品牌主如果要做内容电商，首先要搞清楚塑造出来的内容是什么，以及如何运用大数据作为内容电商的工具，这样才能用内容吸引用户，用场景刺激用户，产生消费需求。

第六章　如何做好品牌：把成本变投资

社交电商：人

到了现在，电商已经进入第三个阶段，带货、直播、短视频，这些都是电商逻辑迭代的第三代——社交电商。通过达人、大 V、KOL 在微博、微信、抖音、淘宝等平台直播，以带货的形式做电商，其背后以"人"为中心。基于社交，消费者觉得这个主播或大 V 有意思，或者觉得他们在这个领域十分专业，就会对他们有信任感。在这样的前提下，当消费者的需求和直播推荐的产品匹配时，就会产生购物行为。早期的微商，现在的团购、直播，用的都是社交电商的逻辑。这个过程中既有信任的背书，也有基于大数据优化的空间，比如基于算法更准确地进行推断。

综合这一整套电商逻辑与生活经验，我们可以感受到，过去主流的传统电商正在不断被新的电商逻辑形式所迭代，迭代之中又是三条线并存。"货"的时代，品牌主更关心投放在产品上的广告；"场"的时代，品牌主开始关心能创作哪些内容，如何刺激购买欲望，以及哪些东西可以和品牌产生关系；"人"的时代，品牌主更关心合作的达人是不是与目标客户匹配，他们的内容是否能让消费者产生兴趣，以及这些达人跟品牌目标客户的重合度是否够高。

消费品企业当前一个很重要的工作是，顺着"内容电商化"的发展趋势，把品牌宣传和销售收入结合在一起，正如"人—货—场"逻辑中"人"和"场"越来越受到企业关注。消费者准确了、投放个性化了，品牌能带来的销售转化自然也就高了。这就是"内容电商化"。

以前打开抖音，很多人看的是小哥哥和小姐姐的才艺表演，或是生活中发生的趣事，而现在打开抖音，会出现更多软植入广告、各种好货推荐。2022 年抖音电商生态大会上公布的数据显示，截至 2022 年 4 月底，抖音电商 GMV 是同期的 3.2 倍，售出超 100 亿件商品，年销破亿元的商家有 1211 个，其中有 134 个新锐品牌，年销破亿元的商品有 175 款，足见"内容电商化"对消费者的吸引力。

做电商的企业都知道销售额的来源是流量，而内容电商还需要增加一个衍生的参数。这个逻辑下，消费者对内容的喜爱度，及其对内容创作者的信任度更重要。不管企业是从传统电商平台开始切入销售的，还是从做内容平台广告并带货开始切入销售的，消费内容的粉丝十分重要，品牌主所做的努力，都是为了增加粉丝对品牌的信任。

如果你对财务比较了解的话，就会发现企业的品牌建设费用放在了财务科目"营业成本"中间的"销售费用"里，包括了销售商品过程中所产生的各种保险费、包装费、展览费、广告费等，这些都是成本里面不变的科目。

当一个企业想要降本增效时，往往会考虑到底要不要把今年的广告费用砍一砍。减少广告费用，看上去好像成本就能够节省不少，能使净利润或整个利润空间更好一些。然而如果从运营视角来看广告投放，内容变现、广告投放的过程，必须是累积品牌资产的过程。

比如我们以淘系电商成熟的品牌投放来看，阿里巴巴集团旗下从 2007 年开始，就推出了"阿里妈妈"业务板块，其本质上是广告投放平台，但被称为消费者资产投资平台。背后的原因是，"阿里妈妈"通过阿里巴巴集团的底层商业数据分析技术，以及它的媒体矩阵，把各种各样的广告展示产品集中在一起，包括直通车、钻展、互动类的信息流，还包括阿里巴巴集团投资、开创的若干个不同的媒体平台。

所有这些触点都是为了完成一个链路：当消费者还没有购买时，企业就会通过"种草"吸引他们，形成互联网全域触达。在用户购买之后，企业还会持续跟进，推动复购及口碑传播等。

无论内容电商化，还是电商内容化，从经营的角度看广告投放，当企业把广告投放当作对消费者的运营、对节日促销的运营、对内容的运营、对货品的运营及潜客的获取时，广告投放就不仅仅只是成本。企业想要降本增效，就要考虑一下现在的广告投放的无形价值有多少。

今天消费品企业在考虑广告投放的时候，不能将其单纯理解为公司的经营成本，而更多应该思考的是，怎么才能把成本控制得更好，使它能够持续累积资产。将营业收入和广告投放挂钩，这样才能使企业花的每一分钱带来应有的收益。

如何用 IP 内容实现品牌资产累积

在上一节中,我们跟大家介绍过品牌 IP 是如何影响消费者的。当品牌获得消费者信任和喜爱时,消费者可以忽视品牌过去所擅长的品类和领域,从而相信品牌有能力满足自己的需求,甚至成为自己的"代言人",对品牌忠诚。而这一节,我们换一个角度就会看到,IP 内容是最便于实现品牌资产累积的。当品牌为之投入时,就会形成沉淀,长期累积品牌资产。

在为企业做品牌营销咨询时,我们通常会用品牌资产评估(见图 6-2),先做企业的品牌资产盘点,评估成本投入对忠诚度、认知度等非量化的、认知层面的影响,它是一种资产的非量化累计。

忠诚度	问卷
1. 溢价	
2. 满意度/忠诚度	
感知质量与领先度	
3. 感知质量	
4. 领导者地位/受欢迎程度/受尊重程度	Q1:
联想与差异性	
5. 感知价值	Q1:
6. 品牌个性	
7. 组织/竞争差异性	Q1:......
认知度	
8. 品牌认知	
市场行为	
9. 市场份额	
10. 价格和分销指数	

图 6-2 品牌资产评估

通过这些不同的维度,我们可以看到,所有关于广告、品牌的投入,实际上都是长期持续的累积资产。这就好比一个存钱罐,企业一直往里面存储优质的内容，那么将来有一天，这个存钱罐就可以成为打造事业的基础，变成了可以不断使用的资源。

我们来看看为品牌投入的成本如何成为资产。吗丁啉是国内胃药非处方药市场上的领先品牌，因为进入中国时间早，而且能够在药店里由消费者自主选购，在20世纪90年代初期，它凭借开创行业先河的电视广告，让一款治病的药成为品牌知名度颇高的消费品品牌。

在品牌心智上，虽然吗丁啉提出的"胃动力"概念家喻户晓，但这个概念比较抽象，无法转换成具体的表现形象。此外，在西药会有副作用的观念下，不少消费者，特别是中国消费者宁可使用中成药，觉得见效慢一些也没关系，即使没效果，但至少不会有副作用。当消化不良症状轻的时候，大家认为可以用中成药，当症状重的时候，才有用西药的必要，这是国内消费者的普遍观点。因此，吗丁啉的品牌心智很专业，但没什么活力，品牌的销售转化率只有41%，而且随着新生代消费者的崛起，品牌也有老化的趋势。

它是如何通过IP形象来增加品牌资产的呢？

首先，在做品牌战略规划时，吗丁啉通过市场调研锁定了一群目标消费者，给了他们贴了一个标签"rainbow lifer"（彩虹生活者），即追求多姿多彩生活的人。它与过去冰冷、严肃的定位相比，给消费者的品牌感受完全不同。

围绕这样一群追求生活品质、开心乐观的消费者，品牌的定位和品牌资产累积的立足点是什么呢？是把品牌从"动力专家"变为"健康专家"，让品牌调性变得生活化，然后在品牌规划的层面上，通过卡通IP形象来传递品牌情感型的价值主张。

过去品牌传播和广告投放单纯停留在药效好、功能佳这样一个浅层的、功能型的品牌价值主张上，跟 rainbow lifer 是没办法有效沟通的。而沿着现在新的品牌规划，吗丁啉提出了新口号："吃得好，活得好"。胃这个器官跟我们每个人的吃饭、消化直接相关，只有胃口好、吃得好，才能生活好。沿着这样的思考路径，吗丁啉设计出了"小胃人"卡通形象，并且给它设计了动作、爱好、性格等（见图6-3）。

图6-3　品牌卡通形象设计

这个形象首先是卡通化、拟人化"胃"的形状，把难看、医学风格的器官，变成胖胖的、可爱的卡通形象，增加亲近感。然后又给它增加了一个既可以做三角巾、又可以做披风的装饰品，体现它是年轻、有活力的。此外它是健壮的、运动能力很强的。

最后也是最重要的，大部分时候它都是快乐的、积极的，通常眯着眼睛、笑容可掬，张大的嘴巴代表吃的形象。它还有很多动作，这些动作的含义均以健康为出发点，比如像小超人那样赶跑胃不舒服的症状，还会做运动，传递积极生活的状态、健康生活的方式。

有了品牌 IP 形象，接下来就要做更多具体的运营工作，累积品牌资产。在产品上，吗丁啉为所有的产品添加了"小胃人"形象，印在产品包装上。在渠道上，设计了一系列线下陈列活动，比如优化药店内的货架，让消费者进店后很容易看到产品，比如举办义诊活动，在休息时间还有专门的工作人员穿着人偶装与消费者互动、合影，再如附赠相关赠品，卡通形象会出现在各种周边上。此外，还结合当下消费者生活场景进行推广，比如在扑克牌上设计"小胃人"的一套运动，让大家在春节期间不忘运动。

在同一时间段，吗丁啉也做了相应的电视广告、网络互动活动，以及在春运列车上滚动播放的广告，还做了视频网站热播剧集的前贴片广告，还开展了药店的落地快闪活动。所有活动的每一个物料元素，都会把卡通形象设计在里面，不断强调品牌的人设，制造更多的媒体内容，突出品牌IP，沉淀品牌资产。

在经过三四个月的品牌投放和举办若干活动之后，吗丁啉通过市场调查评估活动效果，取得了成功。

一是品牌在目标消费者心目中的地位提高，通过知名度、相关度的统计，我们发现之前吗丁啉品牌形象处于知名度低、相关度低的状态，而经过一系列操作之后，品牌知名度、相关度都有很大的提高，进入了"好"的区间（见图 6-4）。

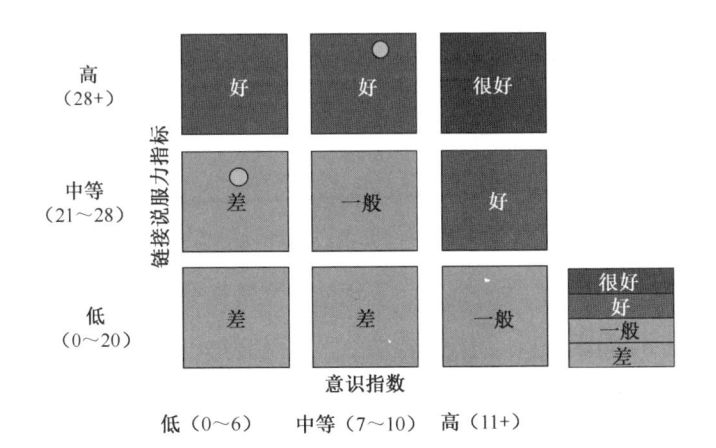

图 6-4 品牌知名度、相关度调研反馈

二是在后续的新产品上市中，也展现了品牌资产累积所产生的价值。通过一年时间的品牌资产累积，新产品上市时，年轻、有活力的吗丁啉新品牌形象，为新产品做了很好的背书，为它迅速打开市场奠定了基础。

所以，做广告也是在累积自己的品牌资产。当然前提条件是，必须有非常清晰的品牌战略规划，也要非常清楚地知道，现在做广告，是为了累积品牌资产。

随着大数据的发展，过去品牌做广告投入的成本，今天可以用多种方式变为一种可长期累积的投资。"千人千面"的广告投放形式，让广告内容、所处平台的广告触点位置，都可以根据目标消费者的情况高度定制化。当然，要想提高效率，需要有精准的消费者画像。企业除了掌握消费者情况，还需要给消费者贴上若干数据标签，包括静态的注册会员、资料收集等，也包括动态的行为数据，进行定量统计。

大数据等技术发生了多轮迭代，现在完全可以建立和维护消费者信息的全景数据库。比如可以通过数据处理引擎，多维度清洗数据，整合消费者身份，还可以统一管理业务数据，把交易数据、消费者画像、商品规格、消费行为统筹起来，最后落到淘宝、天猫、小红书、抖音、微信等交易平台的后台上，也包括线下渠道。

另外，由于电商平台的内容化功能愈加丰满，同时内容平台的电商化也在探索中，如今的广告投放可以与电商成交转化挂钩，真正实现了投放和营业收入的结合。当下的数据系统已经成熟到可以进行消费者画像、圈选、媒体选择、数据回流等，最终让数据在广告投放和销售转化间形成闭环。同时，基于品牌IP化，还可以将品牌资产转化为看得见、摸得着且生动形象的IP，将其留存起来，为当下的品牌激活、为未来的新品上市，打下用户心智的基础。

这些数据化应用的过程,都需要更多业务部门的加入和参与,开展业务的逻辑整理、数据分析,形成可运用的"知识",最后实现以业务为核心,让广告创造更多价值。从数据和品牌资产的角度,把广告投入变成投资。

第七章
如何做好渠道：数据驱动增效

数据助力品牌投放，将企业的成本转化为投资，为企业累积品牌资产。数据成为改变企业经营方方面面的重要因素，提升了企业整体智能决策的水平，所以对于消费品企业来说，渠道通路也在因数据的加持而降本增效。

回顾整个中国消费零售行业的发展，实际上就是"人—货—场"不断升级的历史，消费零售行业随着时间的推进不断发生转变。

20世纪90年代之前，整个行业以集贸式零售为主，业态主要是集市、商铺、百货店等。那时人们的消费意愿、消费水平都不那么高，大部分人的需求还停留在吃饱穿暖上。从货的角度来说，那是一个物资相对匮乏的时期。"场"则是单一分散的柜台，谈不上体验，更谈不上场景。

第七章 如何做好渠道：数据驱动增效

随着之后 10 年的发展，进入 2002 年后，消费零售行业开始了连锁化经营，连锁超市、折扣大卖场等形式涌现。人们的收入增加了，货品的需求开始增加，线下也开始扩张，消费场景逐渐多元化。这个时期的消费品企业，围绕线下渠道建立起了比较强的核心竞争力，我们所熟知的娃哈哈、康师傅等品牌，都是那一时代的领先者。

千禧年之后是第三阶段主要围绕着电商业态的发展，消费品企业以电商零售为主，最早出现的是 C2C 平台即淘宝集市，然后出现了天猫商店，再到后面多种 B2B 模式等。这一阶段人们的消费行为变成了休闲娱乐，且开始追求品质、品牌和个性化；货的生产成本降低了，整个性价比就凸显出来，奢侈品、多样化消费越来越多；场的层面上，也出现了更多的线上替代线下、消费场景虚拟化的情况。

后来的发展越来越迅速，从 2016 年到现在，不过短短几年时间，出现了各种各样的零售业态，比如生鲜电商到家、B2C 的私域（或称之为 DTC）等。这时人们的需求变成了追求品质、追求兴趣，悦己消费；货的供应越来越丰富，大家不仅仅在考虑买一个产品，还在考虑如何才能获得更好的体验，随之而来出现了各种各样的小众消费品，并且产生基于信任背书的 KOL、品牌种草推荐等方式。场的层面上，则是线上线下场景加速融合，消费场景更加生动化、方案化、生活化。

"人—货—场"这三个维度，串联起了整个消费零售行业渠道发展的历史。近几年比较新鲜的 DTC、C2M 模式，都是新消费时代背景下渠道创新的持续性话题。总体来说，传统电商、DTC 模式的电商，以及线下门店，现在都会格外强调线上线下协同，通过数据化方式促进智能增长。

但是 2020 年以来，除了大数据带来的趋势性机遇，疫情对消费零售业态带来的影响不断深化，线下实体门店的经销商、零售商难免有些焦虑。

在疫情之下，实体门店经营的局限性更加明显，常会因不可抗力歇业、暂时闭店，给经营带来比较大的不确定性。

同时，无论经销商还是零售商，都面临着利润被挤压、业绩不断下滑的局面，人工和租金成本居高不下。而传统渠道的促销措施，比如买几赠几、买一箱赠一箱的方式又缺乏亮点，不能持续有效地提高利润。

以上因素导致经销商的流失率高，门店的生命周期缩短，消费品企业的销售团队持续在跟新人打交道，需要重新与其建立信任关系，导致合作率降低。还有多种电商模式的夹击，除了天猫、京东等传统电商，抖音、小红书、B 站等新型电商爆发，也给传统线下实体店的经营带来挑战。线下零售渠道，正在经历升级迭代的艰难时刻。

既有机遇，也有挑战，消费品企业的渠道在这样的状态下发展。我们先来看数据如何为线下渠道赋能，再来看数据如何助力线上线下渠道协同，把消费者沉淀为资产，提高企业渠道的整体运营效率，最后来看数据如何驱动渠道，带给消费者新的体验。

第七章　如何做好渠道：数据驱动增效

数据如何赋能线下渠道

根据国家统计局数据，2021 年社会消费品零售总额 44.08 万亿元，其中线上零售总额占比 25%，线下零售总额占比 75%，足见线下渠道仍然是消费品企业的必争之地。而在数据化新技术的加持下，企业更关注的是如何优化线下渠道，以达到降本增效的目的。

这里给大家分享一个快速消费品老牌公司的案例，看看在没有大数据技术和工具的当年，它是如何管理线下渠道的。假设今天企业计划布局一个城市的线下渠道，该如何分配销售代表的工作呢？

首先，拿出整个城市的地图，在主城区和郊区划分出若干个不同的区域，其中主城区是重点覆盖区域，进一步将主城区中重要的街道进行划分，这样在管理销售代表的工作时，企业总部可以了解在这个区域中如何覆盖所有线下门店。在再次细分时，设计者会给区域编号，以便之后管理销售代表，还能对其他工作区域编号，在分出重点区域后，安排对应的销售代表。同时，设计者会在路线图里细化区域，设计一条拜访路线，类似"向右转"原理，只要不停向右，最终会走完一个街区的所有临街门店，这样能让这条路线覆盖区域内的所有门店。

基于对线下门店精耕细作，这个老牌公司凭借着精细化地覆盖门店，取得了长久发展。我们反过来看看今天的消费品企业是如何管理线下渠道的。我们的合作伙伴，一家专业开发基于 PaaS 平台的线下门店管理软件企业，就常年为消费品企业提供基于数据智能的管理系统，以实现管理效率的提升（图 7-1）。

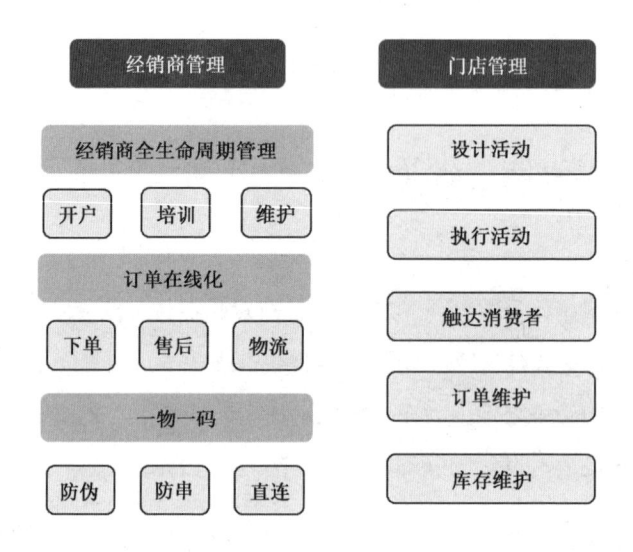

图 7-1 基于 PaaS 平台的店铺管理流程

PaaS 是无代码或低代码技术，能快速地由应用方公司 IT 人员搭建起一些轻量级 App 或微信小程序，用于实现对经销商的管理、门店的管理及 O2O 商城的管理等。

具体来看它的基本功能，在经销商管理界面上，可以管理经销商的全生命周期，可以实现订单在线化及一物一码；在门店管理界面上，无论活动设计还是执行活动，以及触达消费者、订单维护等功能，都可以助力消费品企业进行精细化管理。

而在 O2O 商城界面上，可以结合线上线下的不同触点去管理用户。所以我们看到在这款软件上，经营数据一目了然，企业通过货品管理模块轻松实现对货物的整体盘点。

我们再来看一个销售人员巡店的例子。大家都知道元气森林是一家知名消费品企业，它在管理一线销售人员时，开发了一套巡店 App，企业可以通过 App 查找销售人员的路线及此路线上的所有门店，掌握其基本销售数据、具体工作流程。此外，所有经销商都可以在名为"经销商管理"的小程序上下单、进货，如同在天猫、京东下单一样简单，直接在线付款就可以了。这样一来，经销商使用 App，符合其平时的购物习惯，便于上手使用，而元气森林的后台可以通过管理系统，看到经销商下单的情况，包括送货等全流程信息，这样企业可以简单高效地对经销商进行管理。

这样一对比，就能看到过去的消费品王牌企业和现在的新消费企业的区别。在管理线下渠道时，现在的新消费企业所能使用的技术、工具已经有了很大的进步，工具成熟度天差地别。因此当下用新技术、新视角来规划线下渠道，必须获得更高的运营效率才是合理的。

回顾消费品行业的产业价值链，它是一条研、供、产、销的链路，也是几乎所有的消费品企业必须遵循的发展规律。

所有企业有各自的角色和定位，对于一个消费品企业的品牌制造商来讲，品牌扮演着非常重要的统领角色，链路前端关系着研发生产，促进产品的原材料采购，后端通过运营自己的品牌，打通跟销售之间的渠道通路，最终触达终端用户。

而随着互联网的发展和渠道类型的日益丰富，企业管理渠道的能力也在不断迭代升级。最开始是线下零售的传统模式，比如品牌商通过经销分销、代理加盟直营等形式进入零售门店，最终触达终端用户，线下零售也可以在数据化的基础上迭代。

再往后就是结合电商，线上传统电商就是把线下的商业逻辑搬到了互联网，产生了更多创新，比如 DTC，品牌直接通过自营电商或达人触达终端用户，还可以选择进入或不进入传统电商门店。也就是说，品牌不用去天猫或京东，而是直接通过微信商城跟消费者交易。再如 C2M 模式，甚至连品牌商都不存在，生产商直接通过自营电商触达终端用户。

回到消费品企业最重要的线下渠道阵地，即使在疫情、经济转型等的影响下，线下零售仍然还有很多红利可挖。我们可以确定的是，不管电商怎样发展，线下零售仍然是非常庞大且主流的渠道。目前这个渠道要做任何市场活动，仍然要靠层层设计、层层追踪的方式。

比如某消费品企业总部要设计一个终端促销活动，通常要长达4~6个月才能做好，这其中包括了财务预算、设计，以及对应部门的层层审批。当活动信息发布到销售大区时，大区内部再一层一层地传递到不同城市、具体的经销商及客户。经销商执行完成，再把所有活动信息反馈给总部，申请核销和报账，又需要很长时间。在整个流程当中，要靠销售代表人工传递消息，传达效率是很低的。同时，在这么复杂的核销流程下，经销商执行热情自然不高，参与率也会降低，这就是传统线下渠道活动管控模式的问题。

而今天，随着大数据和PaaS等的应用，企业可以极大降低成本、提高效率，如果采用新型的管控模式，并采用一些数据技术，局面会变成这样：总部同样进行设计、审批，但可以直接通过互联网端口发布，通过智能终端来传递消息，直接一键分发到销售经销商和门店，然后得到执行情况的信息反馈。门店执行后也可以通过整个回流过程进行核销、报销、付款。可以想象，通过这样的链路，执行时间至少可以缩短到以天为单位。

元气森林在线下渠道大概累积投放了8万台智能冰柜，它们可以实时收集数据，包括地址联网，用定位功能确定冰柜所处位置，再根据位置的不同，进行地域化的远程调整，比如温度增减等。元气森林的智能冰柜就是一个渠道，也是一个数据终端。沿着这样的数据终端，元气森林就可以收集更多的实时数据，然后进行管理与分析。

同时，元气森林通过推出一些促销活动，利润空间得以扩大，让终端经销商和商户更愿意支持智能冰柜项目，元气森林从而能够测试智能冰柜跟网点之间的联通效率。可想而知，它还可以实现跟物流挂钩，包括跟货品上架及时性、热卖度进行挂钩，以及跟新品上架、新品测试迭代等进行挂钩。所以我们就会看到，虽然智能冰柜造价肯定不便宜，但是通过这样的投放，能够在极大程度上激活元气森林线下渠道的数据管控力。

农夫山泉也在做着类似的事情。过去几年，从农夫山泉年报和公告上都能看到，它投入了比较多的人力、财力去做数据化管理经销商系统，现在被称为 NCP 系统。所有经销商都需要通过在 NCP 系统上下单来管理进销存；终端门店也可以通过该系统进行陈列活动的报批、执行等。同时，农夫山泉还组建了超过 300 人的审计稽查团队，确保整个系统的财务数据和核销数据准确。

我们也看到，农夫山泉还以多样化的方式布局自动售卖点，以及开发自动售卖机，然后植入到类似于丰巢的整体售卖货柜里；它还打造了"芝麻店"等多元化的售卖形式。多种不同的自动售卖网点，同样起到了收集数据的作用，符合不同场景的需求，以及提高了管理线下渠道的效率。

农夫山泉虽然是一个比较传统的老牌消费品企业，但它仍然在做很多新消费企业的工作，这也印证了我们之前讲的，"新消费"不仅是一个品牌、一个企业的事，而是如何利用数据、技术和消费者洞察，更好地做消费品生意。无论传统消费品企业还是新消费企业，在本质上都是一样的。

数据如何管理用户资产

近几年"私域"一词非常流行,其实它也不是什么新鲜概念,过去我们称之为会员管理、粉丝管理。无论在线上还是线下,从进店到购买再到复购的全过程中,用户的购物行为、浏览记录都可以进行统计和跟踪,并纳入私域流量池中维护。

过去在公域流量中,通过"传声筒"模式,即从曝光到引发兴趣、点击咨询逐渐转化成购买,用户一层一层向下过滤。其中企业集中购买流量,高频输出内容和广告,即使有数据加持,获客成本也不菲。而现在"扩音器"模式下,因为用户喜欢产品,喜欢社交分享,所以产品得以被分享、扩散到更多人群,用户裂变带来了更多的购买。私域流量池的搭建,有助于企业以有价值的内容连接粉丝,扩大产品影响范围,降低获客成本。这种公域和私域结合的方式,使企业投放的长期ROI降低。

大数据已经可以基于地理位置收集相关信息,所以如今无论用户是从线上进店还是从线下进店,都可以打通,成为一体。线上进店的方式是,用户通过搜索、广告、直播、小程序等,进入品牌店铺后,被地理位置信息记录下来,绑定属于同一地理位置的专属客服,提供服务。如果用户从线下进店,则直接连接到专属导购。两种形式中的用户,都会沉淀到私域中,未来当用户再次光顾品牌时,都会就近得到服务,如果品牌发布线下活动信息,也会优先考虑就近参加的用户。

那么对于线下的专属导购来说,他们就不仅仅是线下销售的角色了。当用户定点留存在他的微信中时,他可以成为意见领袖;如果他足够专业,又能与用户进行良好的沟通，完全可以通过在线分享专业知识获得用户的信任，完成销售目标，同时还能吸引更多的会员，为下一次考核做准备。

此外，私域也成为用户全生命周期管理的工具，从用户进店到离店，无论线上商城还是线下门店，通过层层抓取再触达，可以分析用户的人口属性、消费习惯、历史消费情况、近期消费情况等，再进行精准营销。尤其是对于复购属性高的产品品类，私域的全生命周期管理，无疑是获取更多生意来源的绝佳方式，比如美妆、珠宝、隐形眼镜等品类，整个会员生命周期的拉长和生命周期质量的提升，对渠道通路的生意增长十分重要。企业进行精细化的会员管理，可以使整体业绩更快增长。

我们常年混迹于完美日记的私域微信群中，跟踪导购系统。当进入它的线下门店时，用户会收到赠品、折扣等活动信息，或收到导购的直接邀请，成为导购的微信好友。然后导购（比如"小完子"）会邀请用户加入他的微信群中，自此之后，完美日记的新品发布、最新活动或是平日里的护肤化妆小技巧，都会在群里推送，密集而又有效地让用户"种草"，产生很多销售机会。

反过来说，消费品企业如果能全程掌控线上线下门店活动的客流，并对线下进店用户进行数字化沉淀，长期来说就是一笔非常宝贵的资产。就像我们刚才讲的关键角色——导购，他们不仅仅是过去传统的柜姐、产品经理，同时还是一个人格化的自媒体，可以通过微信、朋友圈、社群内容的运营，完成销售KPI，成为品牌的生意伙伴。

所以，消费品企业规划要更加周全，把维护优质导购纳入日常工作中，首先要做好分销规则的设立，佣金体系的建设及营销玩法的体系建设；其次要做好导购岗位的晋升体系设计，让导购获得成长；最后要做好分销工作流程、支持系统、招募裂变的数据化管理，让导购安心推广品牌，充当发起裂变的角色。

既然数据能让企业更好地管理用户资产，再去衡量品牌建设的投入产出比时，就应该换个视角。很多消费品企业都会对一个问题感到头疼：在计算当期的 ROI 时，通常都是计算投了一个广告位、做了一次活动之后，能给品牌带来的直接购买和收藏加购的数值是多少。从整个消费品行业平均水平来看，在流量价格越来越贵的大环境下，ROI 做到 1∶0.7，就算是不错的结果了。

但如果我们放在更长的时间维度中，比如以 90 天为周期，在产品配合电商或线下大型促销之后，沉淀的粉丝和关联销售，就能达到一个比较不错的 ROI 水平，老客户的成本相对会低一些。所以，私域如分享裂变、电商站内反哺，还有销售规模优势激发的从众心理等广告效应，再配合电商站内的搜索加权比重等，把它们作为一个长效 ROI，你就会发现长效收益一定大于当期收益。

因此，如果企业只看当期 ROI，则很难赚到钱，但是如果拉长时间，充分利用私域裂变用户，就会发现长期投放的长效 ROI 是更为高效的。围绕着这一点，企业的营销方式应该有所不同。

第七章　如何做好渠道：数据驱动增效

数据如何创新体验和品牌出海

"人—货—场"当中的"场"，是指当消费者接触产品时的场景，既可以是传播触点场景，也可以是营销渠道场景。消费品品牌的触点场景，在消费品行业发展的二三十年时间里，已经发生了好几次重要的迭代。

早期商品流通没那么发达，大部分消费品企业是围绕着消费者居住范围内 3 至 5 公里来设计传播触点的，这时社区店、夫妻店等零售业态，比较普遍也比较受欢迎，能影响到消费者的触点场景多为杂货店的货架或是店门口贴的海报广告。这与我们在前文提到的零售发展历史相应时间段的业态特征一致。

此后出现了现代通路（Modern Trade），大卖场、超级市场、大型购物中心能覆盖更远的、半径 20 公里以内的消费者。有了更多潜在用户之后，在线下海报的基础上，就可以叠加更多传播方式，比如电视广告这样的普及率更高的媒介，这时线下渠道和电视就成为消费者的触点场景。

之后出现平台电商，丰富的线上货架几乎可以说是无限的触点空间，PC 互联网时代和移动互联网时代基本上靠线上广告，即数字化营销的方式来接触消费者。越往后发展，数字化营销方式与线上电商销售的结合越来越紧密，最终形成了"品销合一"状态。此外，也就产生了品牌零售的自营商城、口碑达人，形成了社交平台和 DTC 模式。消费者不仅在天猫、京东上买东西，还从品牌的直播渠道、达人直播渠道、短视频链接、微信公众号等购物。

传播触点改变，营销渠道改变，多个渠道场景也在融合打通，二维码、场景码把消费者、导购、零售商串联在了一起。只需要一个二维码和数据中心，就能够形成消费者购买的闭环，将线上资源中心与线下门店本地流量池打通，再打造本地门店的流量池，把所有的拼团社交、地推会员营销等捆绑在一起，最终形成商品在线化、营销在线化、渠道管理在线化、用户经营在线化的闭环。这种融合打通的方式提升了消费者购买的概率，让品牌在"场"里获得了更多增长空间。

此外，社交媒体平台成了传播触点场景的主阵地，疫情之下，大家有了更多的在线时间，同时Z世代的消费人群有更强的创造力，他们爱好丰富、表现力强，造就了一个巨大的达人经济蓝海市场。从数据上看，新消费企业的投放渠道中，社交媒体广告已经占到六成左右，过去常见的电商站内广告投放占比开始下降。而在B站、微信等知识分享的社交媒体平台上，日化、食品、小家电广告投放最多，微博、小红书等偏女性用户、信息流速度快的平台，美妆、服装广告投放最多——社交媒体平台，本身也在进行着细分。

社交媒体的运转，依靠大量贡献优质内容的网红，他们刚起量之时可能不接广告、不做推荐，但随着专业度、趣味度被市场接受，转而做适当的带货，也是顺理成章。根据国外研究机构Frost&Sullivan的预测，2022年中国网红经济的市场规模有望超过5,000亿元，这样庞大的市场规模背后，是消费品企业口碑建设、头中尾部达人投放策略，以及品牌营销破圈的行动，通过这些形式的投放，形成声量引流、销量收口。很多品牌的导购、直播达人也许现在只是拥有几万粉丝的小红人，但他们也代表未来的一个新阵地，在考虑新的传播场景、营销场景变化时，也需要考虑他们的力量。

同时，我们也要看一下国际化场景，中国的品牌出海，毋庸置疑将是未来三年最热门的商业话题之一。无论国内的好品牌想要进军国际市场，

第七章 如何做好渠道：数据驱动增效

还是计划做跨境电商，以及一些创业公司从一开始进行构思，它们都认为国内生意跟国外生意必须同时开展。中国国力和经济实力增强，创业者、消费品企业的眼界随之扩宽。

在国际化场景中，一方面企业要提升品牌实力，要更本土化、当地化，就需要了解对方国家的消费者画像，明确自己在对方国家的品牌定位，并据此打造品牌，在国内和国际上获得一定知名度。这就需要企业对于海外市场有更深入的洞察，欧美、东南亚、中亚、非洲等经济水平、文化水平、信仰、生活消费习惯都存在巨大差异。因此对于要走入国际化场景的企业来说，要具备这方面的数据分析能力，能站在对方国家的角度进行本土化的思考，真正了解对方国家消费者的行为习惯。

另一方面，企业要进入更多的线上跨境电商平台，如亚马逊、乐天、雅虎，以及更多国际化投放平台，如 Facebook、YouTube、Instagram 等，还要考虑在当地国家线下开店。最后我们就会发现，跨境渠道在未来可能是很多企业的共同选择，会有越来越多的中国企业成为跨国公司、国际化公司、世界 500 强。国际化场景的开拓，也是未来新消费企业扩张的抓手。

总结一下，在本章中，我们通过回顾整个中国消费零售行业的发展轨迹，从"人—货—场"的角度可知，每一个节点的变迁都推动了消费品企业的发展，尤其是其中大数据带来了历史性的机遇，但同时又叠加了疫情对线下零售业态的影响。

线下的门店经营越来越难，经销商流失，价格促销失效，但并不意味着这个渠道就该消失了。相反，线下渠道仍然是消费品企业的主力阵地，而且现在有了更高效的数字化工具，比如低代码的管理小程序，经销商在进货、参与品牌组织的活动、款项发放与核销时，都能更快速、准确，大大提高运营效率。智能终端投入使用，其既是销售触点，又是数据收集触点，可以使企业掌握一手购物信息，进行产品、活动的优化。

近年来流行的"私域"管理概念，也折射出数据对用户资产管理有提质增效的作用。无论线上门店还是线下门店，公域引流，私域留存，把已经购买过的、对品牌有好感、有热情的用户留下，通过提供精准地理位置、精准导购服务，让用户在下一次购买时得到贴心服务，让用户对品牌更忠诚，这是企业降低获客成本、提高长效 ROI 的优质"武器"。

最后，由于传播触点、营销渠道改变，数据还赋能线上线下的协同，一个二维码联通全部，并且导购在其中也扮演着意见领袖的角色。社交媒体平台上的网红，也创新了购物体验。随着中国消费品企业实力的增强，将会有越来越多的企业借助数据的力量，插上翅膀，飞往全球化更广阔的舞台。

PART 02

管理增长篇

第八章
如何做好战略：企业增长之路

改革开放 40 多年以来，中国企业身处的商业环境一直在变化，中国企业在变化中吸取教训，增长经验，最终获得迅速成长。但当时的中国是追赶者，所面临的变化是有迹可循的，甚至是有学习对象的。近十年来，中国的发展速度已基本追上发达经济体，甚至在某些方面进行超越，某些领域已开始进入自主探索期。这种新的变化风暴正在形成，在数据化技术、人群代际更迭的推动下，以前所未有的、改变商业逻辑的方式往前行走。

在本书的第一章中我们介绍过，成为一家千亿市值的消费品企业，并不是一蹴而就的，而是选择一个好的细分赛道，然后长时间在业务、管理和资本三个方向上，反复打磨，反复提升，以清晰的战略定位和商业模式，逐渐巩固行业地位，最终形成坚固而宽广的"护城河"。因此，第一部分业务增长篇，紧紧围绕着消费品企业所需的产品、品牌、渠道三个业务支柱，介绍了若干实操方法论。

具体来说，体验经济时代到来，使消费行业发展的社会环境发生变化，新消费意味着80后、90后及00后正式成为消费舞台的主角，他们对消费品的购买和使用有更多元的需求。新技术则体现在大数据、云计算、人工智能等技术的商业应用场景，部分消费品企业的生存方式发生改变。新商业模式，比如线上线下协同的新零售、按需生产、C2M私人定制等，使消费品企业的竞争维度也多了很多。将消费品企业的竞争能力划分为"新"与"旧"，不仅令新消费企业突飞猛进、脱颖而出，还令整个消费时代发生了变化。

自然，在新消费时代下，企业的产品、品牌、渠道业务支柱，理应做出调整，我们将之称为"三支柱，六打法"模型（见图8-1）。

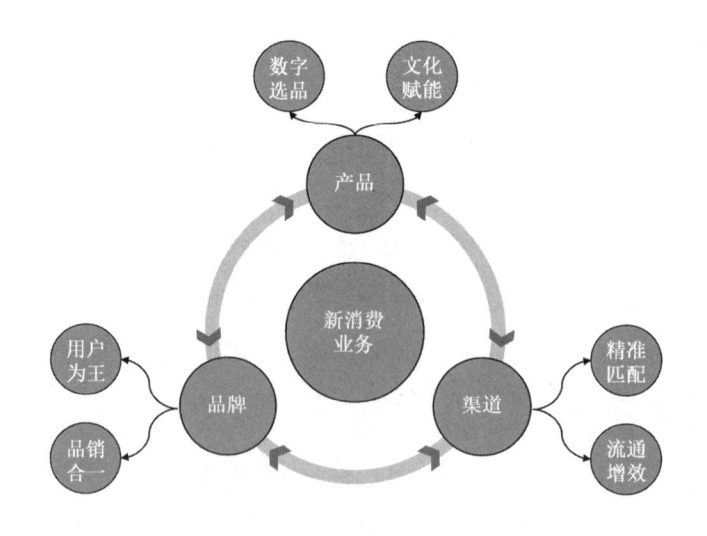

图8-1 "三支柱，六打法"模型

在"产品"支柱上，打法一是"数字选品"，企业通过大数据选品的方式，以互联网软件、AB 测试、信息流测试、爬虫抓取舆情等先进方法，让选品不再成为企业内部相关部门拍脑袋、靠经验的冒险行为，而是有实时信息、超大样本量的支持，把过去捉摸不定的消费者需求，变成了跟踪趋势后的及时响应，确定性增加。

除此之外，潜在的爆品还需要供应链快速响应的支持：SKU 数量少、大单品模式的品牌，终端销售数据反馈到前端研发生产，可以帮助单品几经迭代，越来越符合消费者的需求；SKU 数量多、快速上下架模式的品牌，终端订单数据则可以指导备货，帮助控制库存，实现"小单快反"，及时响应市场变化。企业选品、打造爆品，都因为有数据加持而成为可能。

打法二是"文化赋能"，Z 世代消费者有各种新的需求，除了产品的功能要好，还得颜值高、性价比高，最好能满足其晒朋友圈的心理，而且还要有点文化调性，跟博物馆联名、和热点玩梗……只有理解了消费者更深刻的想法，甚至了解了他们成长生活的环境与背景，才能做出触动人心的产品，并且在新消费时代一举占领消费者心智，激发他们自主地转发分享，成为品牌的传播者。

来到"品牌"支柱上，打法三是"用户为王"，品牌因其能为消费者提供功能价值、情感价值、自我符号表达价值和价值观认同价值，在消费者心中留下不同的定位与印记，持续宣传之后，留下了丰厚的品牌资产。当今的消费者生活在微信、小红书、抖音之中，当他们喜欢品牌，甚至把它当成生活中的一部分时，他们会主动向更多的朋友宣传、推荐该品牌，甚至能左右一个品牌的荣辱与存亡。为此，新消费时代下的品牌，必须懂消费者心理，能抓住他们所生活的场景，比如找到新的、更被认同的观点，最近流行的生活方式，年轻人更认可的价值观等，到他们的圈子里扮演相应角色，这样才能"用户为王"，跟消费者玩在一起，做出有穿透力的品牌。

打法四是"品销合一",一方面大数据已经先进到实现"千人千面"的广告,在抓取消费者画像、定制化广告内容这两个维度上,毫无技术难度;另一方面内容与电商的结合,已是消费零售行业成熟的变现思路。网红达人也好、IP创意也好,通过优质、有价值的内容,实现品牌宣传与销售转化挂钩,在电商链路中完成闭环,是新消费企业必选的经营策略——在它们看来,不谈转化的广告投放就是浪费钱,而线上和线下,从来都是一盘生意。

再到"渠道"支柱上,打法五是"精准匹配"。在消费零售行业发展的历史进程中,"人—货—场"三者之间的匹配,一直是引导品牌主思考的维度。在"人"上,公域流量与私域流量的协同设计,让消费者身边的导购能发现他、为他提供服务,并且能长期陪伴消费者的全生命周期,全靠消费者画像与来源位置的匹配;在"货"上,前后端的响应对接,让渠道在前线获取消息,再匹配给后方做生产供给,避免了高企的库存和产成品;在"场"上,二维码走遍天下,把线上线下渠道串联,让智能终端变成数据收集的工具,让运营效率飞速提升,这是数据化思维带给企业的挑战和机遇。

打法六是"流通增效",即使疫情使实体门店过得很糟,但它们仍然是消费品企业的主阵地。通过数据化、灵活部署的软件和小程序,实现对销售代表、经销商、终端门店更高效便捷的管理,鼓励他们更多参与品牌主设计的助销活动,从成熟的线下渠道中挖掘降本增效的红利。另外,增加品牌体验、增加购买前后的维护、增加线上线下的协同,都是提高长效ROI,让企业有效利用资源的方法。

上述三支柱、六打法,几乎涵盖了消费品企业在新技术、新消费者面前进行创新的必备对策,可以说是企业实现业绩增长的详细方法论。如果对每个点进行深入理解和执行,一定能实现业务板块的长足进步。

第八章　如何做好战略：企业增长之路

当然，仅会这些仍然是不够的，正如我们在开篇说的，不管消费品企业身处"研供产销"产业链中的哪个环节，最终整个产业链只为终端消费者的需求服务。为此，在具备了产品、品牌、渠道的能力之后，企业必须上升一个高度，站在战略、组织与人才、文化与创始人基因的维度上，俯瞰所从事的这份事业，在管理上获得强大的组织能力，以具备持续增长的动力，实现百亿营收的规模，组织结构适配发展，人才济济上下一心，流程科学经验共享，甚至能扩展到不同的商业模式，管得住不同的盈利方向。

最后在金字塔的塔尖，消费品企业还需要拥有资本运作的能力。当实现一亿利润、十亿营收时，企业通常已经是资本市场的选手了。向市场讲好自己的战略构想、发展规划，与券商、投资机构、个人投资者充分交流，达成经营理念上的理解与共识，并且善于管理投资者预期，稳扎稳打地提升企业内在价值，理性客观地看待周期波动的市值，这些往往是经营实业出身的企业家所不具备的眼界与经验，所以企业在通往千亿市值的道路上，需要培养与资本共舞的能力。

新消费企业普遍从创立到今天不过十年，尚属于成长中的青少年，它们有冲劲、有创新，但也必然需要回头补下传统商业逻辑中缺失的课程，比如线下渠道的拓展与深耕，供应链与品质的打造与把控，组织结构和人才的调整和淘洗。还有一些需早做准备的板块，比如凝聚人的企业文化，保持独立意志且效果卓越的融资上市。新消费企业所需要的业务增长、管理能力提升、资本市场规划，对绝大多数消费品企业也都适用。

因此，这也是我们设计第二篇管理增长篇与第三篇资本增长篇的用意，旨在运用我们多年累积的经验，向各位消费品企业创始人、企业家，不缺任何一块地、系统完整地讲解方法论、模型与对策。无论你的企业是"新"还是"旧"，通过框架感的建立，我们会提供一种思考公司发展、预判未来前景的诊断评估体系，以期帮助更多企业家想明白自己企业的能力短板，让经营消费品企业更有敬畏心、更有激情、更有产业情怀。

本节是管理增长篇的开始，我们理应就着与管理相关的企业战略来讨论推动消费品企业增长的对策。

第八章　如何做好战略：企业增长之路

消费品企业成长还需要什么

消费品企业成长的路线，除了沿着阶梯拾级而上，把产品、品牌、渠道都搞定，然后提升组织能力、资本运作能力，还有三个背景因素是不可或缺的（见图8-2）。丢掉了它们，就等于成长路线身处真空环境中，无法落地到现实商业社会中。

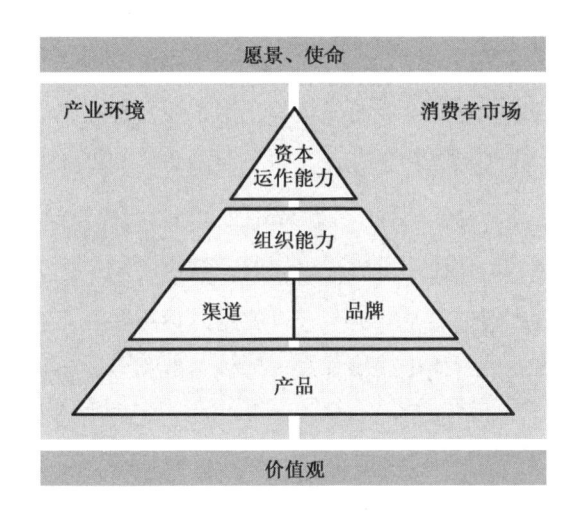

图8-2　消费品企业成长模型

第一个背景因素，就是产业环境。企业必须遵循产业环境，明确细分赛道的产业环境、竞争情况及行业规模。企业的个体问题，往往都要从产业入手，产业发生变迁，产业结构从分散变成集中，行业规模从低速向高速增长转变等，都意味着企业所面临的经营关键命题将发生改变，迎来机遇或挑战。所以脱离产业环境、脱离具体消费品品类的战略规划，都是井底之蛙。

第二个背景因素，就是消费者市场。企业必须时刻把眼光放在消费者身上，对于消费品来讲，最重要的就是消费者需求是否发生改变，不仅包括对产品物理使用上需求的变化，还包括情感需求、思维想法有没有随社会环境变化。比如过去消费者把智能手机当成耐用品，但随着可选产品增多、产品性能不断提高，以及人们想要实现的功能越来越多，用新手机参与社交的需求也存在，一年换一个新手机，也成了不少消费者的选择。所以经营消费品企业，一定要把消费者市场当成企业的底色和思考的原点，所有的决策，必须基于对消费者市场的洞察。

第三个背景因素，就是价值观，来自企业内部，我们也称之为"经营哲学"，也就是企业到底想要做一个什么样的事业，有什么样的愿景，希望完成什么样的使命，这是企业的天花板。当企业发展越来越好，人越来越多的时候，会面临各种各样的商业决策，明确价值观，才能确定在多种情况下如何做出选择。尤其是当外界经济、社会环境存在如此多的不确定性、变化剧烈时，愿景、使命、价值观这样的经营哲学，最终决定了企业应该怎样走下去。落到消费品企业身上来讲就是，你是要做点安全的小生意，还是想改善一群人当下的生活，甚至是影响一群人未来的择业与人生等，这些都是在规划时就要想好的。

在消费品企业能力成长阶梯的外框，加入产业思维、消费者思维，以及企业的上限天花板和下限底线，才能形成消费品企业战略规划的整体框架。

第八章 如何做好战略：企业增长之路

战略共性及如何破局

消费品企业的产业链，大体上由研、供、产、销四个环节组成，不同企业在四个环节中的位置不同，各自有其商业模式。经过大量的企业调研和走访，我们发现企业的问题存在共性，尤其是进入新消费时代，不少传统企业的痛点更是高度雷同，很多企业受困于其中，难以自拔。

按照消费品企业成长的阶梯，企业战略或业务上的痛点，大致有以下四类。

（1）产品上，新产品如何打开市场。

（2）业务和品牌上，老品牌如何年轻化，如何适应新的渠道玩法。

（3）组织能力上，区域性品牌如何拓展市场。

（4）整体战略上，制造型企业如何做自有品牌和消费者业务。

新产品要想打开市场，面临很多阻碍，比如对消费者的感知薄弱，对需求缺乏洞察，导致做出来的产品没有记忆点，也谈不上提供了差异化的价值。破解的方向就是我们在第二章和第三章提到的，要基于不同品类的特性研究产品的价值，要思考消费者的社交属性，要观察消费者的生活方式和价值观，还要考虑消费者购买前后的场景。总之，需要贴近消费者，用心去观察他的需要，进而指导产品的开发和设计。同时，如果有条件的话，还要尽量采用数据化的方式，测试新品的卖点、市场反馈、渠道属性等，小范围试错和迭代，用真实的消费数据作为决策的依据。在上市之后，还要通过数据系统，及时将销售前端信息反馈到生产研发端，根据消费者意见做微创新迭代，并且适时调整订单周期和订单量，做到让好产品"爆"起来。

老品牌如何年轻化，如何适应新的渠道玩法，也是这几年压在传统企业心坎上的石头。有传承的老字号，名声在外，是这几年资本市场非常关注的内容，但这些企业往往产品老旧，无法适应市场变化。二三十年前赫赫有名的市场霸主，也可能因为没能及时转型，没有从粗放的广告大投入、渠道大通路转向精细化内容营销、关注线上线下细分渠道协同，导致无法满足新一代消费者的需求。

它们想要延续辉煌，又想要顺势而变，但常常会遇到内部变革阻力大，企业管理故步自封的情况。它们不愿意放下身段重新了解消费者，不愿顺应市场做出让步和改变，当权者还可能自认为企业是年轻化的，实际上只是隔靴搔痒。另外一种则是品牌建设能力薄弱，追逐热点过激，盲目跟随热点事件、流量明星，而没有品牌的立场，彻底抛弃了传承下来的东西，最后发现钱花了不少，却并没有赢得新消费者的赞赏。

要解决这类问题，需要对品牌历史资产进行系统的盘点，总结消费者认为存在价值的内容，然后用变化的眼光重新审视，并与当下结合，争取能做到既有历史沉淀，又有创新表现。在产品上考虑颜值、体验的升级，在渠道上积极拥抱电商、新零售，在宣传上用更丰富的品牌内容来打动消费者，充分利用知名度高的优势，争取实现"反差萌"效果，有助于粉丝自发地分享转发，促进口碑裂变，让品牌重新回到新消费者的视线中。同时，企业内部需要做好组织人才机制变革，鼓励年轻人登上重要岗位，让市场前端拥有更大的话语权，避免曾经的品牌骄傲带来的傲慢，持续倾听消费者的声音。

还有一个痛点也很典型，区域性品牌如何拓展市场，这在消费品企业里是很常见的。比如很多区域性品牌在当地做得非常好，甚至能数次抵御外资或全国性品牌的冲击，但走出它们的区域，就没有太多人认识它们了，知名度上不去，产品也没有独特性，自然生存艰难。更常见的是，当区域性品牌鼓起勇气走出舒适圈，取得的业绩不如预期时，公司内部就会出现反对的声音，说来说去，最后决策层顶不住压力回撤，未来就更难踏出这一步了。

对企业来说，解决这样的痛点需要组织能力的综合提升，产品、销售、运营、供应链都需要大幅改变。虽然跨区域看上去是从 A 市场到 B 市场，从这个省到那个省，但实际上需要科学统筹，需要整个公司在资金、生产、物流、渠道网络开拓、品牌宣传、当地人员储备等各个方面综合考量和筹备，企业组织能力升级，才能最终突破地域限制，成为大区域品牌、全国性品牌，乃至全球品牌。

最后一个痛点则更难解决，制造型企业如何做自有品牌和消费者业务。拥有 OEM、ODM 业务的制造型企业，看着自己的客户发展得风生水起，甚至几年造一个业界神话，而客户的研发、生产、备货都是自己一手操办的，自己还拥有强大的原材料、技术优势，却没有消费者业务的品牌客户赚得多，难免会心生羡慕。因此它们希望开拓消费者业务，提高利润率，向微笑曲线的两端靠拢。

但实际执行起来，就会遇到不少执行上和决策心理上的问题。比如在决策心理上，老板习惯了做产品，思维肯定还是产品导向的。企业特别在意新品品质，特别在意技术的进步，却忽略了消费者业务必须是市场导向的，必须关注消费者的需求及其生活。所以老板做决策时，很可能陷入固有思维，见木不见林。

另外一种情况是，可能企业目前的状况尚好，只是遇到了些许增长放缓的问题，但还可以很舒服地活着。核心团队或者大部分员工都认为没有太多拼搏的必要，而且这还是一件有很大风险、很大投入的事。在团队建设上、资金投入决策上，都存在不专业、不持续的情况，这样的战略转型往往也容易无疾而终。

所以如果想要破解这样的难题，面临的挑战是从上到下的，解法也应该从战略层一直落到执行层。企业从战略目标上就要制定好背水一战的策略，下定决心，然后补渠道、补品牌、补组织能力，放权给一线消费者业务的销售团队，以具备优势的供应端为中台，支持前台一个个快速响应市场、野蛮生长的小组织。同时外引内培消费者业务的骨干团队，让内行人指挥战斗，把内行人身边的圈内资源笼络过来，形成做消费者业务的底气。最重要的一点是，通过企业文化、愿景、使命、价值观的凝聚，实现上下一心。

第八章 如何做好战略：企业增长之路

常用的规划模型及案例

上文提到四种有共性的痛点，是处于消费品产业链中不同环节的企业可能会面临的问题。除了简要总结破局的方法，也有必要系统地给大家介绍我们做战略规划时的思路，以供有需要的读者参考。

今天如果一家企业聘请我们完成公司战略规划，通常我们会遵循这样的思路来解开这个问题：首先，我们需要对外部环境做出大量的分析，比如用 PEST 模型做宏观环境分析，PEST 分别指政治、经济、社会、技术，这是战略分析中常用的科班模型。然后会对政策、行业格局、产业价值链做出产业环境分析，看行业规模、未来增长空间、竞争格局等，这是我们坚持的商业视角——企业个体的发展脱离不了产业环境，改变产业结构往往是更高维的战略，但至少应该抓住产业中蕴藏的机会。最后会对市场环境的竞争、消费者的需求等做出分析，正如前文所介绍，必须把企业战略放入产业环境和用户市场中，才能做出完整的考量。

完成外部环境分析后，就要对企业的内部能力做出系统盘点。要对企业的发展起源、发展阶段、历程进行总结，要对现有事业结构的业务、资源、运作能力做出整理，还要对目前企业的经营状况，如营收、利润等有所掌握。这是判断企业自身资源禀赋，知晓企业拥有哪些优势和劣势的过程，战略不可能脱离企业实际情况来设计，一定要贴合企业现状和实力，设计可实现、可落地的战略。

内部与外部相结合，再加上经营哲学，即愿景、使命、价值观，就会最终形成战略定位。在如今的经济社会环境下，存在很多不确定性，但经营企业的初心、企业家或核心团队心中所憧憬的梦想,是不会轻易改变的,把经营哲学融入战略,就是最好的体现。当企业坚定地拥有利润之上的追求,希望能为社会做些贡献时,也会感召更优秀的人才加入,在平台上实现自己的事业理想,这样的战略规划将会更有穿透力、持续性。

有了战略定位,接下来就是具体的业务组合、目标分解、落地重点工程了,包括商业模式的创新设计、现有和计划的业务组合规划、未来三至五年的战略发展目标,以及为了实现战略所需要的组织结构、人力资源、流程、文化、品牌、营销、资本规划等各方面的发展举措。要以重点项目的方式落实到实施人、参与部门、完成时间、达成结果等,并在后续更长的时间里监督执行或修订编辑。

所以我们看,战略规划并不是简单的拍脑袋的事情,而是一套系统的、谨慎的、有逻辑的分析,当然还要再加入一些天马行空的创意,才能让企业的战略具备差异化。和君集团对于战略有一句心诀:产业为本,战略为势,创新为魂,金融为器,就是在说企业战略要谋势能,在产业格局下展开思考,把创新作为衡量的标尺,以及不光要考虑实业经营,还要考虑资本市场的相生互动。

有了思路,我们来看几个常会用到的模型。

第一个模型,是我们用于分析企业内部能力和外部资源的战略模型,称为 ECIRM 模型。这是从资本、产业、资源、管理、企业家(团队)这五个维度,对企业进行系统的分析诊断。这一分析的过程,也与上文所说的战略分析思路相吻合,从外向内系统地体检,且包括了企业家和创业团队。通过这样一个模型,对于整个公司有了非常系统的诊断,才有后面的战略规划的。

ECIRM 模型(见图 8-3)包括了五个核心要素:一是 E,代表企业家

（团队）；二是C，代表资本；三是I，代表产业；四是R，代表资源；五是M，代表管理。五个要素相互耦合，成为一个以企业家精神和企业家能力为核心的公司战略模型，构成从战略上系统解析一家企业的五个基本维度。

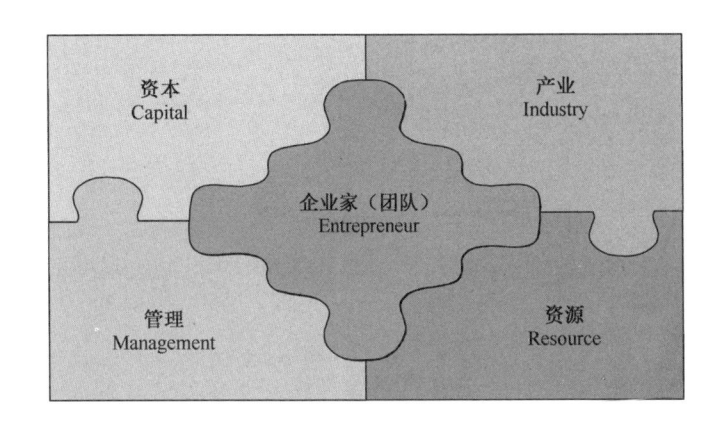

图 8-3　ECIRM 模型

这是一个致力于长远发展的企业必须确立的系统经营思维，也是一个自查清单。企业持续地致力于五个方面均衡发展，并且能够做到五者之间功能耦合和系统协同，就是有大未来的。反之，五者任何一个方面或多个方面的发展被忽略或者出现功能障碍，企业发展就会遇到瓶颈。

对于消费品行业来说，大部分企业都是资源导向型的，依托某个或某些方面的资源优势成长起来，比如有很好的原材料来源，有比较强的研发技术团队，有一支运营能力强的销售团队。但资源永远是不可持续的、短缺的，消费品企业的战略应该从资源出发，找到自己的产业方向和产业定位，在产业中形成优势地位，然后调动资本市场，提升内部管理水平和组织能力，实现战略突破，形成更大的格局。

第二个模型，是用于设计企业战略定位的模型，也称 GPS 模型（见图 8-4）。很多企业往往认为战略定位是一个很宏观、很高远的事情，跟实际经营不相关，但实际上，战略定位就是在茫茫的市场上，用"GPS"找到自己的位置，有这个位置才能做资源的配置、人员的整合。比如区域性品牌为什么要拓展全国市场？拓展动作是基于什么样的战略定位导出的？未来的发展方向是什么？这些问题其实都跟战略定位息息相关。战略定位回答了未来这群人、这个企业想要做一件什么事，做到什么程度，占据什么位置的问题。

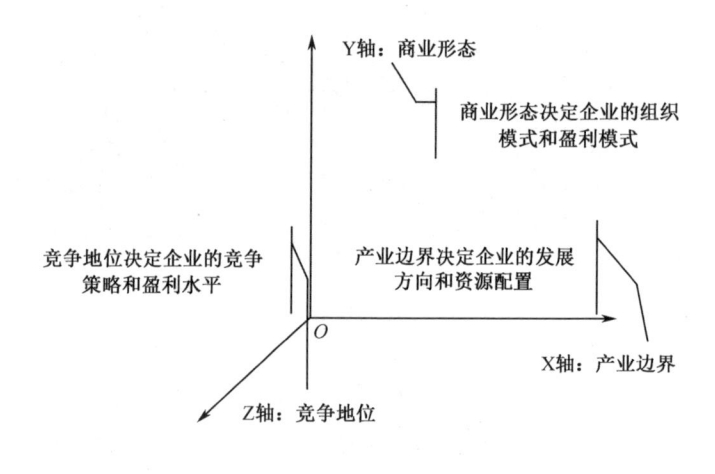

```
                    Y轴：商业形态
                        │
                        │   商业形态决定企业的组织
                        │     模式和盈利模式
                        │
竞争地位决定企业的竞争        产业边界决定企业的发展
    策略和盈利水平             方向和资源配置
              ╲         │         ╱
               ╲        │        ╱
                ╲       │       ╱
                 ╲_____│_____╱_____ X轴：产业边界
                       O
                     ╱
                    ╱
               Z轴：竞争地位
```

图 8-4　GPS 模型

所以要用这么一个三维模型，来明确企业选择处在什么样的产业边界下，确定当下是什么样的商业形态，同时想清楚要获得的竞争地位是什么。也许企业的追求不一定是成为行业龙头企业、主导产业链发展，但也必须知道自己想做成什么样。有了 GPS 定位，才能确定接下来要做什么产品、如何打造品牌、品牌是否符合战略定位，否则就会漫无目的地投入，对于所有资源而言都是一种极大的浪费。在战略分析的过程当中，有了定位才有了锚心。

有了战略诊断、战略定位，接下来再落实一步就到商业模式设计了。

第三个模型，商业模式全景图（见图 8-5）。这个九宫格大家应该很熟悉，其高度提炼总结了企业通过什么样的产品和服务盈利，如何盘算所获得的收入，保证企业活下来，这是商业模式的根本。

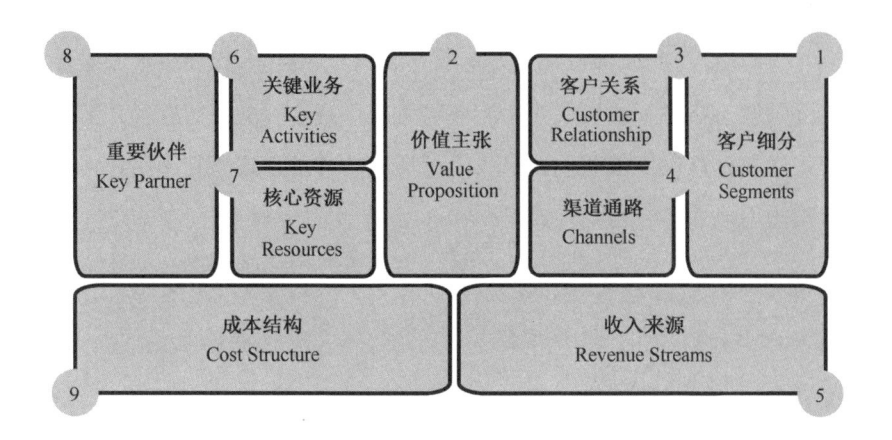

```
8          6            2          3            1
重要伙伴   关键业务              客户关系
Key        Key          价值主张   Customer    客户细分
Partner    Activities   Value      Relationship Customer
           7            Proposition 4           Segments
           核心资源                渠道通路
           Key                     Channels
           Resources
9          成本结构                收入来源                5
           Cost Structure          Revenue Streams
```

图 8-5　商业模式全景图

首先要从用户角度出发，确定要服务哪一群用户，为他们创造什么样的价值，通过哪些渠道和通路接触用户，与用户之间建立什么样的关系，以及形成哪些关键业务，调动哪些核心资源，邀请哪些合作伙伴共同参与，算出相应的企业成本。

通过商业模式的梳理，你就会发现很多企业原本的商业模式并不清晰，以至于企业赚什么样的钱、能不能支持企业发展都不清楚，还会出现商业模式过时、下一轮竞争失利的情况。比如不少消费品企业在商业模式上认为自己是一个卖产品的公司，只需要专注于做好产品就行。但现在消费者的需求已经变成了产品好是基础，服务还得跟得上，能享受订阅式的长期增值服务更好。如果商业模式未经梳理，企业既会错失商机，又会误入歧途。

做商业模式的创新和梳理，就能够清楚地知道未来能赚钱的方式到底是什么，这也就可以和企业的品牌、产品或者渠道直接挂钩。有了定位，有了商业模式，也就代表着企业有了自己要赚钱的想法和思路，也知道要往哪个方向发展，所以接下来就要盘点企业的业务组合。比如制造型企业，它的业务是有多种不同模块的，到底哪些模块是企业的核心业务，哪些是重点，哪些是从属，都要明确，以进行资源的合理分配和利用，最终形成一个比较好的业务组合结构。

第四个模型，是战略落地的指导，称为 BLM 模型（见图 8-6），它由 IBM 与华为共创。在消费品企业成长的阶梯里，组织能力非常重要，它是战略变为现实并且获得更大发展的基础。如今的大部分企业家都非常务实，希望战略可以落地执行。利用 BLM 模型，就能一方面解决规划的问题，另一方面基于人才、组织/流程、关键任务等支撑组织能力的发展，将战略进行落地。

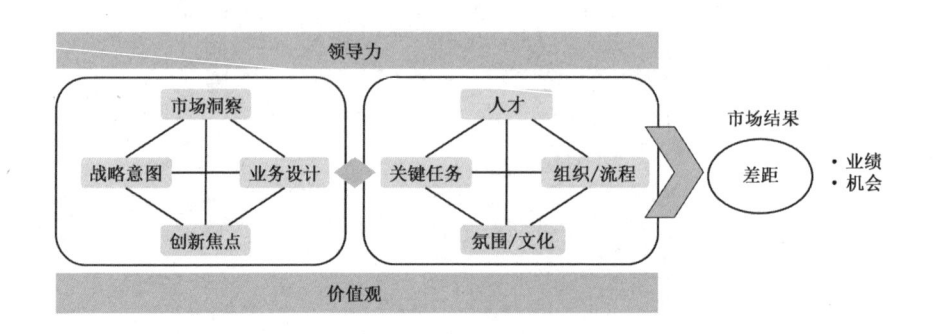

图 8-6　BLM 模型

在战略规划制定的过程中，BLM 模型提醒我们要基于行业的差距找到机会和业绩，把市场洞察、战略意图、业务设计和创新焦点融合在一起，完成战略制定。然后要通过战略解码，把战略执行的关键任务、组织/流程、人才、氛围/文化四个方面匹配，形成对战略的支撑，从而通过若干次循环

第八章 如何做好战略：企业增长之路

迭代落实战略。

最近这些年，在多次的企业咨询服务中，我们将 BLM 模型运用于为客户进行战略规划和落地，取得了很好的成效。

上述四个模型，按照诊断分析、战略定位、商业模式设计、战略落地支撑这四个步骤来拆解。在这一节中，我们首先回顾了新消费时代下消费品企业的业务能力增长过程中产品、品牌、渠道三个要完成的阶梯累积，分析哪些创新性的打法更适应当下数字化、年轻人群需求复杂化的外部环境。我们因此提炼了"三支柱、六打法"模型，在产品上应该采用数字化选品、柔性供应链支撑的方式，增加产品成为爆品的概率。同时还需要考虑新时代人群的精神需求，把文化元素融入产品设计开发中，有颜值、有故事的产品才会令消费者着迷。

在品牌上，要跟消费者"玩"在一起，了解他们的喜怒哀乐，把品牌的立意放在更高的位置上，并且调动数据技术手段，将品牌宣传与成交转化挂钩，形成相互协同；在渠道上，要充分利用"人—货—场"数据的精准匹配，并且打通线上线下的闭环流程，让用户无论从哪个渠道，都可以由公域沉淀为私域，形成长生命周期的价值管理。

除了产品、品牌、渠道，我们还解释了消费品企业需要系统性补齐的战略能力、组织能力及资本运作能力。在战略部分，必须回归到产业环境、消费者市场来进行顶层设计，还需要考虑企业的经营哲学，让企业的愿景、使命、价值观清晰。这是解决消费品企业常见的几种战略痛点的前提，无论产品如何拓展市场、老品牌如何焕新、区域性品牌如何拓展市场，还是制造型企业如何做自有品牌，都要回到消费品行业"研供产销"的产业链中，寻找破局之道。

为此，我们介绍了和君集团常用的若干理论模型，还原了战略规划的思考过程。战略规划首先能够帮助企业实现高质量发展，它是组织构建、资源分配的基础和依据，也是凝聚向心力的保证。因此企业核心管理岗位的人员必须定期停下来回顾战略，拥有战略规划的意识和思路。有这样的向心力，才能真正意义上使组织高效地往前走。

第九章
如何做好组织：调结构、养人才

上一章我们讲到，企业的战略规划需要通过战略解码，基于组织结构、人力资源、企业文化等方面的支撑，最终将战略落地。再伟大的战略，如果没有相应的人员来执行、落地，也是一纸空谈。

此外，消费品企业的组织能力还肩负了战略升级的重任。企业在用相对简单、扁平的组织结构完成了业务板块的搭建，完成了产品突围、品牌初建、渠道开拓的基本动作之后，若想巩固胜利的果实，或是谋求下一步发展，就必须把组织问题提到重要议程上来。通过设计合适、匹配的组织结构，安排相应的人力资源，凝聚上下一心的企业文化，实现跨越式发展。

本章沿着战略、组织人力、企业文化的思路，将适合消费品企业发展的增长对策呈现出来，以期帮助消费品企业提升相关能力。

消费品企业的组织问题

这几年消费品创业公司如雨后春笋般涌现,在时代和资本的助推下,不少企业几年间迅速实现非常大的营收规模,也就带来了一系列组织与人员扩张的问题。而另一批已在市场耕耘多年的传统消费品企业,想要有新的突破,想要赶上时代的变化,该如何从组织和人员上"去旧迎新"?多年来,我们在梳理和总结消费品企业面临的组织问题时,逐渐发现了上述两类企业存在的组织管理问题的共性。

第一,组织管理缺乏系统思考和变革意识,也就是常说的"头痛医头,脚痛医脚",遇到问题再想办法,而没有前瞻性准备和布局。比如企业组织结构缺乏体系性的设计,跟不上组织发展的需要,已经设置了几块不同性质的业务,却还在职能制的结构下互相抢夺资源。第二,企业在持续发展壮大,业绩每年都能翻番,但无节制地扩充岗位编制,人越招越多,却很难裁掉,导致人效越来越低,组织难以支撑业务的高速发展。

另外,还会出现"部门墙"的情况。有些企业可能人员不多,但部门之间负责人协同不到位,导致本来可以互相帮助、共同完成的事情,最后扯皮推诿,无法推进。在消费品企业里面,尤其容易出现新品上市无牵头人的情况。比如研发部有个好产品概念,市场部觉得没卖点,生产部觉得不好批量化,销售部认为价格没有竞争优势,最后无疾而终。

还有一些企业,拥有个人能力很强的"超人"高管,或者这个"超人"就是企业家、创始人本人,但是因为没有流程、没有机制,个人的经验和能力没有办法沉淀到组织层面,无法把特立独行的"先锋队""特种兵",

第九章 如何做好组织：调结构、养人才

培养成"好教官""好队长"，无法带出一支战斗力超强的队伍，最后能人离开，事业停滞。还有的企业信息化基础薄弱，组织管控难度大。一些传统老牌消费品企业的在岗人员年龄大，历史包袱重，很少搭建信息化、数字化系统，导致很多时效性要求高的问题难以得到处理，变革困难，投入巨大。

以上这几个现象，就是我们在消费品企业咨询工作中经常会遇到的企业组织管理问题的共性，它们像是给企业背上了笨重行囊，令企业行动迟缓，步履蹒跚，在激烈的市场竞争中落于下风。

要解决上述这些问题，在组织层面，我们通常会围绕业务需求，做"组织""运行""执行"三个层面上的调整。在组织层面上，先确定组织的形态，调整组织架构与部门设置，做好岗位设置，定岗、定编。在运行层面上，确定权责界限与流程，界定好关键权责，梳理好核心流程，设计好关键事项的管理机制，比如财务、市场、供应链等价值链的关键部分；设计激励与约束机制，调整激励模式、绩效考核模式，以及考虑是否设计事业合伙人机制。在执行层面上，完成内部人才盘点、外部目标人才竞聘，以及建立内部人员流动机制，处理内部冗余人员、设计上升下放淘汰机制。

通过按部就班、从上到下、上下嵌套设计好组织、运行、执行三个层面，就将企业在整个组织地图和人才地图层面上的工作安排好了。组织工作就像排兵布阵，已经设定好战略目标，有了希望攻下的高地、想要打败的敌人，自然需要强大的部队参与作战，打赢一场又一场战役。

什么样的组织形态更好

在组织管理的经典理论方面,相对成熟的企业组织形态有职能制和事业部制。随着新消费时代的技术变迁、市场变迁,又衍生出矩阵制、平台型、合伙型、生态型等新的形态,甚至还可以再往下细分。目前大部分消费品企业最常用的还是职能制,而随着业务丰富、产品种类增多,一般会变为事业部制。下面,我们将以提供过咨询服务的一些客户企业和消费品行业中具备代表性的一些企业作为组织管理的案例,向大家展现新消费时代下的组织创新。

矩阵制组织

矩阵制就是横纵两条线,横向以职能划分各部门,纵向以特别立项组成项目小组,各个节点上的人员既要完成本职工作,也要完成项目小组的工作,项目完成后该小组可解散。矩阵制的好处就是可灵活调用,根据业务发展的需要,组成或解散小组,每个人在发挥着极高效能的同时,人与人之间又能形成更强的协同性,人效大幅提升。用华为的话来说就是"用两个人,发三个人的工资,让他们承担四个人的事"。

我们服务过一个共享充电的企业,在我们的帮助下,它的组织结构调整为矩阵制组织。这家企业的不同部门中心是从职能角度出发来设计的,比如品牌与营销中心、研发设计中心、人力资源及行政中心等。当要开展具体项目时,又会抽调相关人员组成项目小组,形成合纵连横的矩阵制（见图9-1）。

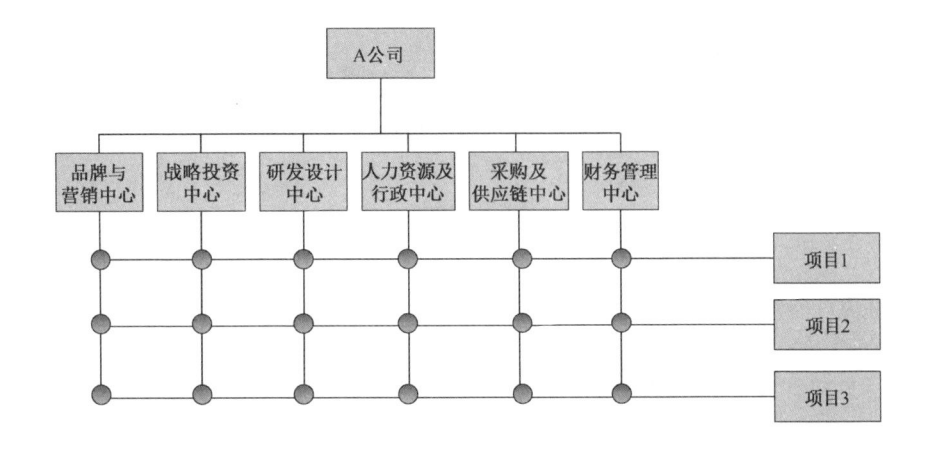

图9-1 矩阵制组织示例

华为把矩阵制运用得特别娴熟，华为的"铁三角"围绕新产品进入市场的需求设计，通过职能条线，抽调专业人员组成项目条线。每个项目都有一个"铁三角"，分别是销售负责人、解决方案负责人、交付负责人，三人一起服务客户。这样的效果是，最了解产品技术能力的人，最了解整体解决方案的人，以及特别擅长沟通的客户经理，一起进入整个项目中，确保客户在被服务的过程无论在技术上、专业上，还是在沟通上，都有很好的体验。

平台型组织

平台型也算是事业部制的一种变形和衍生，它是指组织结构分成面向用户的前台和提供支持的中台/后台。前台通常是品牌、销售团队，负责上前线"开火"，吸引用户，促进成交，而中后台通常是供应链、物流、设计、财务、信息化等部门，负责提供"弹药"，为销售做准备，同时保证公司正常运转。

另外，根据业务开展的情况，前台还可以再分设不同的项目小组、品牌小组，比如服装企业不同的品牌服务、不同的目标客群。前台可成立若干个品牌小组，单独管理产品设计、销售运营、广告宣传等，达到以用户为中心，围绕核心用户服务的目标。

我们曾经服务过的不少电商消费品企业，就采用了平台型组织的方式，它们以"小前台，大中台"的方式，支持前线消费者开展业务。

■ 新消费企业的创新——阿米巴模式

在平台型组织结构下，不少企业的品牌运营更加精细化，以大单品支撑品牌的发展。当不同单品适合不同销售渠道时，企业会为这种差异进行更精细的人员配备，单独分立大单品的运营管理。

比如 A 品牌下的 a 产品比较适合传统的天猫、京东电商平台，就设置营销投放、推广、电商店铺运营等岗位，帮助品牌完成 a 产品的销售和宣传；b 产品可能更适合种草型平台，如小红书、B 站、抖音等，就让种草型平台团队来运营 b 产品；c 产品可能需要更多效果投放型平台，需要各种 KOL、KOC、私域运营，就设置相应的运营团队来管理。

这时，A 品牌的管理人就变成了内部的甲方，他下达相应的 KPI 给具体的运营团队，按 a、b、c 不同的产品，由运营团队分别为其负责，向 A 品牌的中枢大脑寻求资源支持、资金支持。同理，公司旗下的 B 品牌、C 品牌也如此划分。

举个例子，比如在某新锐品牌的产品线中，产品整体是个大单品，更

第九章 如何做好组织：调结构、养人才

适合小红书的种草模式，所以在品牌负责人下面设有产品负责人，他带领小红书团队负责人，分成社区内容种草团队、官方号运营团队和小红书电商运营团队，每个团队设置不同的职能，虽然承担每个职能的人数不多，但是加起来人数还是挺多的。这样做的效果，使产品能够快速地把小红书平台上的红利运营得更加精细。也只有实现这样相对精细化的设计，才能使该产品更好地抓住小红书上的特殊流量结构，符合小红书的玩法。

新消费企业的创新——共享中台模式

在平台型组织结构下，还有另一种以支持见长的形态，即共享中台模式。若干个产品小组共享整个企业的中台，中台包括运营商、资源提供商、数据供应商、营销支持相关的供应商等。若产品小组有需要筹备的事情，就可以依托中台，由中台统一采购或统一规模化运作，降低整体运营成本，使得整个公司既有灵活性，又有一定的规模效应，实现降本增效。

比如"玻尿酸之王"华熙生物就是这样的组织形态。华熙生物的发展历程主要从玻尿酸的生产研发技术开始，逐渐延伸到中端的 OEM、ODM 业务，再到后端的消费者业务品牌，包括美妆个护、洗发护发，甚至食品饮料。它于 2016 年开始发力消费品市场，从早期的摸索到后来明确采用内部赛马机制，同时孵化若干个消费者业务品牌。这些品牌就是若干个前台小组，它们自己做品牌、渠道，由公司中台提供部分支持。前台小组慢慢成熟，由小变大，最终成为营收超过 10 亿元、独立运营核算的成熟事业部。

在共享中台模式中，除了常见的供应链、物流支持，以 2021—2022 年为例，企业内部还成立了抖音运营团队，组建了商家直播、达人直播小组，从主播到直播助理，再到直播间搭建一应俱全。但独特的是，内部抖音运营团队和市场上其他外部运营公司同台竞争,品牌事业部可自行评估聘用,完全采用与外部一致的甲乙双方合作方式,所有事业部都可以共享这个抖音团队,只要它能完成自己的KPI。

现在,正在孵化中的功能性食品板块,比如玻尿酸矿泉水、玻尿酸果酒等,更是运用了这样的共享中台模式。我们在与华熙生物沟通时了解到,在整个产品发展的过程中,这几个大单品品牌起量的速度非常快,非常符合现在快速变化的市场。因此它很快抓住了平台的红利,从而使得这个产品从一个小的品牌快速成长到10亿+,同时又能够形成品牌矩阵,使整个华熙生物的竞争力变得更强。

讲完以上这几个案例,我们会发现,新消费企业在组织管理上更具先进性。经过我们的总结,新消费企业的组织变革核心是,面向用户、激活组织、提升效率。尤其是在面向用户这个层面上,过去都是由管理层一层一层地下达相应的指令,决策流程长,理解用户和响应用户的时间也会非常长。但通过像"小组制"或"共享中台"的方式,天天跟用户打交道的电商部门、设计部门、营销部门,变成了具备话语权的部门,能快速提高自己在组织中的工作效率,提升公司整体的运营效率,这也难怪不少新消费企业更能听见用户和市场的声音。

总体来说,当下新消费企业的组织结构有两种提效方式,一种是软提效,应用多种技术,比如数字化赋能的平台、先进的大数据生产工具等,企业数字化转型变得更加成熟和完善。另一种是硬提效,也是更多企业正在做的,划分小单元,推行阿米巴模式和共享中台模式,这种调整会让企业产生很大的变化,当然这种调整也确实能够随着企业的成长发挥更大的作用。

第九章　如何做好组织：调结构、养人才

企业的成长过程，就像一个人长大的过程。我们小时候，穿的衣帽鞋袜是一个尺寸，但长大之后一定要换成别的尺寸，不然肯定捉襟见肘。同样的道理，一个企业在快速成长的过程中，也需要在关键的时间节点进行组织结构的升级，这样才能使整体效能持续提升，逐步长成为一个成年人。

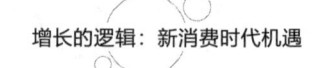

人力资源管理要注意什么

讲完组织结构，填充结构的自然是一个个活生生的员工了。每个企业都关注人才招聘、人才选拔、人才培养，每个企业都希望优质人才愿意聚拢到自己的企业中，愿意与自己共同奔赴相同的事业愿景，这是所有企业都希望达到的理想状态。

因此，人力资源管理在企业经营中承载非常重要的中后台职能。经过多年对企业的观察和思考，再结合管理学科班知识理论，我们认为，人力资源管理能起到以下几个作用。

首先，人力资源支撑了整个企业的战略发展，当公司战略经过规划和制定之后，就有了很清晰的路径，但是如果没有人，那么战略无论如何也是做不下去的，所以实际上人力资源管理首先解决的就是战略支撑问题。其次，它与我们的组织结构相关，它推动组织结构的变革、协同和增效。同时，它也解决了人才供给、人才留用、人才激活等"选、育、用、留"的问题，还涉及人才的方方面面，包括人才激励、能力培养及梯队建设等。

所以，组织结构决定不同的组织关键能力要求，也就决定了人力资源管理的方向与目标是"选、育、用、留"，这也是当前与未来人才总需求的参考标准。而人力资源管理是组织结构的关键要素，公司战略要付诸实施、达成预期，除了资金、技术等，最关键的是要有匹配的人去做，特别是关键技术人才与领导干部，人力资源管理的水平，又影响了战略实施的效果。

所有消费品企业的业务，都是靠人一点一点做出来的，人力资源规划体系（见图9-2）应该包括六大体系，分别是岗位管理体系、招聘管理体系、培训管理体系、薪酬管理体系、素质评价体系和绩效管理体系。

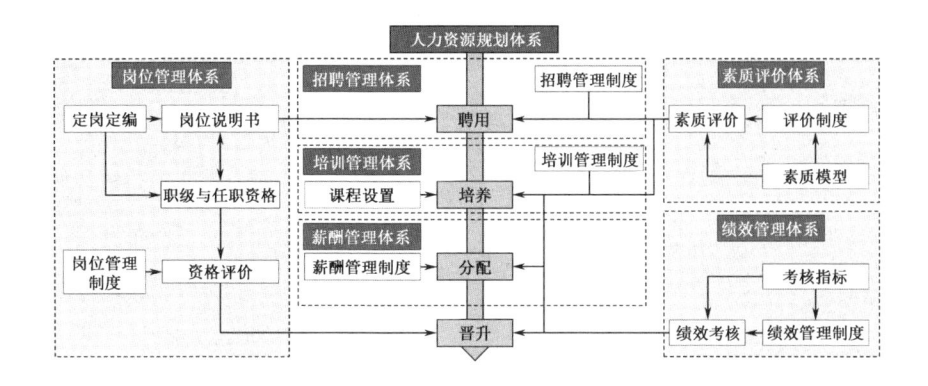

图 9-2　人力资源规划体系

首先是硬性的岗位管理体系，依据企业具体业务列出具体岗位，然后确定岗位说明书，比如要设计相应的资格认证、限制和评判标准等。其次是我们常说的一个萝卜一个坑，进行招聘管理、培训管理、薪酬管理，通过招聘、培养、分配、晋升激励等，进行人才的"选、育、用、留"。最后是相对公允、符合公司经营发展的素质评价，以及对每个人的工作要有衡量和评估的绩效管理，把员工的从业能力及能力所能产出的结果规范化。依托于以上的岗位管理体系，企业最终可以取得相对良好的管理成效。

但是，消费品企业在人才队伍建设过程中也会面临一些关键问题：

第一，是员工数量问题。很多企业会面临业务增长非常快，导致企业内该有的人才配备不齐的问题。若整个企业的业务继续发展，以更快的速度发展，则会出现非常疲惫、绷紧的状态，甚至崩盘。

第二，当人员配备齐全时，就要进行有效的结构组合，人才结构是否合理，人才质量是否符合战略要求，是人才结构方面很关键的问题。

第三，是跟结构相关的梯队问题。有了组织结构，比如矩阵制或阿米巴模式，不管是哪一种，人才结构都要与组织结构匹配。匹配之后，要有相应的人才梯队，促进优胜劣汰、储备后备力量，这也是人才管理的关键问题。

第四，是组织完成搭建、配备好人员和建设人才梯队后，如何留住骨干员工的问题。现在消费品企业从业人员普遍年轻，他们不仅要物质激励，还需要在精神上产生成就感，人才培养变成了除了物质激励，能够留住好员工继续工作的重要因素。

所以，围绕着这些问题，我们发现消费品企业需要凝聚两类人才，一类是综合管理人才，另一类是专业人才。综合管理人才包括骨干或企业家、中层后备人才队伍、管培生队伍，而专业人才包括职能条线的专业人才、产品研发、品牌运营、流量运营等人才。通过这两类人才的有效搭配，无论外部引入还是内部培育，搭建起相对综合的人才队伍，才能支撑新消费企业在业务层面上的不同需求，支撑战略的发展。

人才选聘的趋势和案例

人才选聘需要建立闭环运作流程，从明确要招什么样的人，到招聘策略设计，再到目标人才的甄选和人才的录用，最终形成一个闭环。很多负责招聘的 HR，往往都是从人才标准和目标人才的甄选这一步开始的，很少会顾及招聘目标的设计及录用之后的管理。我们看到，管理精细化的消费品企业，非常讲究形成闭环，从检查到后期的追踪，建立追踪数据库，管理所有的信息和数据。因此，人才选聘也可以用同样的方法，从而进一步提升人才招聘的质效。

第九章　如何做好组织：调结构、养人才

我们用两家具有代表性的新消费企业作为案例，看看它们在人才选聘上构建团队的思路。

前面的章节常提到完美日记，照例我们先不讨论它的业绩表现和近期股价，主要看看它发布在招聘网站上的招聘岗位（见图9-3）。

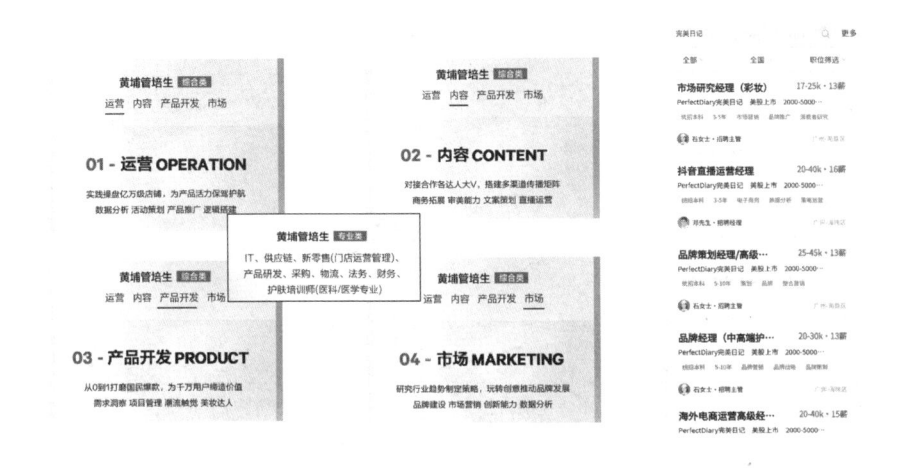

图 9-3　完美日记招聘岗位

通过图 9-3 可以看到，完美日记需要综合管理类及专业类人才。以管培生培养为例，综合管理岗位包括运营、内容、产品开发、市场四个方向，也包括专业类，比如 IT、供应链、新零售、产品研发等。管培生的成长路径不再是简单地从主管到经理再到总监，也可以根据消费品行业的特点，深入到内容或市场里。

同样，社会招聘也是既有综合管理岗，也有专业岗，除了有职能、职位梯级的划分，还有更加细分的划分方式，比如抖音直播运营经理或者海外电商运营高级经理这样的岗位。因此，即使是综合管理类人才，在现在的新消费企业中也变得更加垂直，它们更注重能力属性和能力边界的设置。

另一个例子来自元气森林,在食品饮料大类目里,这家公司用非常多的数据、互联网运营方式来驱动其发展,它的人才招聘也不例外(见图9-4)。

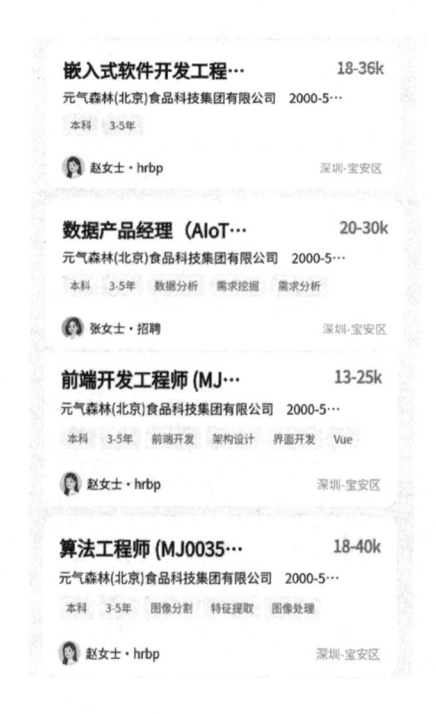

```
嵌入式软件开发工程…    18-36k
元气森林(北京)食品科技集团有限公司  2000-5…
本科  3-5年
赵女士·hrbp                深圳·宝安区

数据产品经理(AIoT…    20-30k
元气森林(北京)食品科技集团有限公司  2000-5…
本科  3-5年  数据分析  需求挖掘  需求分析
张女士·招聘                深圳·宝安区

前端开发工程师(MJ…    13-25k
元气森林(北京)食品科技集团有限公司  2000-5…
本科  3-5年  前端开发  架构设计  界面开发  Vue
赵女士·hrbp                深圳·宝安区

算法工程师(MJ0035…    18-40k
元气森林(北京)食品科技集团有限公司  2000-5…
本科  3-5年  图像分割  特征提取  图像处理
赵女士·hrbp                深圳·宝安区
```

```
电商运营负责人(MJ…    20-40k
元气森林(北京)食品科技集团有限公司  2000-5…
本科  5-10年  店铺运营  电商运营  快消品类
王先生                上海·黄浦区

品牌营销            15-30k
元气森林(北京)食品科技集团有限公司  2000-5…
本科  3-5年  品牌营销  自媒体  新媒体  网络媒体
王先生                上海·黄浦区

产品经理            15-30k
元气森林(北京)食品科技集团有限公司  2000-5…
本科  3-5年  需求分析  产品规划  用户研究
王先生                上海·黄浦区

品牌产品经理        15-30k
元气森林(北京)食品科技集团有限公司  2000-5…
本科  3-5年  消费品  品牌营销  品牌策划  品牌推广
王先生                上海·黄浦区

抖音运营-茶饮/饮品   15-30k
元气森林(北京)食品科技集团有限公司  2000-5…
```

图9-4 元气森林招聘岗位

我们看到,元气森林招募了很多计算机软件开发的专业人才,比如嵌入式软件开发工程师、前端开发工程师、算法工程师等。假如我们不知道这是一家食品饮料公司发出的岗位说明,肯定会误认为这是互联网公司或硬科技公司。可见,现在消费品企业对数据分析、IT技术相关的人才渴求非常大。

当然,元气森林仍然会有专门的综合管理岗位,按较为常见的消费品行业规划去设计,比如产品经理、电商运营负责人等。这些岗位支撑整个公司的业务，按照消费品传统的商业模式，负责销售与品牌打造的工作。

讲完这两个例子，不知你有没有发现，消费品行业的电商经验仍然是紧缺技能，大部分消费品企业都要做电商；同时，紧缺的还有多渠道运营技能，这也意味着懂得线上线下协同的人才在行业中是比较强势的；还有与数字化和数据有关的能力，比如数字化思维、数字化决策、数据分析，甚至是更硬核的写代码能力等，这些也是消费品行业紧缺的技能。

人才培养的重点和案例

人才培养必须分层分类。首先新员工从常规的初级培养，比如入职培训、新员工培训，到后期的中级高级专家培训，每一个层级都应该有完备的培训体系，陪伴员工在公司中成长。这个过程一方面能伴随员工的成长，满足其长期创造价值的需要，提高员工忠诚度，另一方面也能弥补专业性不足的员工在管理技能、方法上的短板。要知道，专业岗的员工很多都是有潜力的管理者，如果不加以引导，他们很可能无法按职业发展成长，我们需要帮助他们完成从专业人才到管理人才的升级，把管理能力当成课程体系去设计。

并非每个人都是天生的管理者，这需要很多技巧、方法，所以从这个角度来讲，每一个员工的培训培养，都要分成专业线和管理线。就像上文所述的消费品企业的应聘趋势一样，既要有专业技能，同时对于潜在的管理者，也要为其补充相应的管理知识和技能。除此之外，再加上一些特殊的项目，比如接班人、管培生项目，这些就是人才培养体系方面的主要方法。

举个例子，我们曾经帮助一家企业搭建内部培训机制，除了给员工提供更多培训，还建立起内部师资力量。我们将各级管理者、专业技术骨干、对培训感兴趣的员工召集起来，筛选形成内部讲师资源池，还模仿高校建立起内部从讲师到高级讲师再到副教授、教授的晋升体系。这个培训机制所做的，就是把培训跟培养人才结合在一起，形成立体的培育机制，让更多员工和人才在公司中留存下来。

这样做的好处有几方面，第一让公司内部流动的知识、经验更加显性化、体系化地呈现出来、留存下来，并把一些不可控的或一直隐藏在员工工作年限中的经验提取出来。第二，成为内部师资对员工来说无形中也是公司的精神激励，能够更好地提升员工忠诚度，发掘优秀人才。

因此，人才培养的重点，首先要分层，基层、中层、高层人员所需要的素质培育、知识培育、技术培育在比重上应是不同的，不能出现眉毛胡子一把抓的状态，要根据不同阶段进行人才梯队的建设，并通过培育让人才梯队更加稳固，保证人才优质。

绩效管理的工具和案例

绩效管理常用的工具包括 MBO（目标管理）、平衡计分卡、OKR、KPI 等。根据我们的观察与调研，大部分新消费企业选择的是 OKR 和 KPI 等管理工具，特别是带有互联网基因的消费品企业。通过 OKR，能更好激发员工的主动性，让更多员工获得更强的自我激励和驱动力。

我们来逐一简单介绍这几个工具：MBO，尤其注重财务目标、业绩结果和任务结果，比较容易抓大放小，重结果、轻过程；平衡计分卡，注重用户、财务、业务、学习创新四个方面的过程和量化指标，可以做到短、中、长期目标平衡；OKR，注重激发员工的主观能动性，鼓励个人申领有野心的目标，进行自我驱动；KPI，其是绩效考核指标、绩效考核实施和考核结果应用的一套体系，工作相对标准化，目标能层层分解。

应该说，这四类工具到底哪个更好，并没有统一的答案，对于消费品企业来说，应该先看战略目标、看业务阶段、看成长基因，然后再综合决定。我们提供一些实际案例，供读者参考。

先看一个用 OKR 做绩效管理的例子。OKR，实际上重要的是 O 的设置，首先需要有比较有挑战性的目标，然后基于这个目标设计出更有利于完成的 KR。比如要在曾经服务的一个客户企业中推出一个新产品，或者提高销售收入。传统企业用 KPI 的方式量化，但我们把它转变为 OKR 之后，让核心员工使用，设计更能完成目标的关键动作，实现让关键动作牵引部门和员工协同前进，能使公司制造出具有挑战性、创新力的产品。同时，整个工作小组在 OKR 的牵引下能获得更多的主动权，在产品上市、销售提升中，更好地发挥员工的主观能动性。

再看一个 KPI 的例子。KPI 是当下比较主流的绩效考核方式之一，可以设置包括经营类指标、管理类指标、学习与成长类指标（见图9-5）。在我们经手的案例中，我们根据不同岗位设置了不同权重，通过权重的调整，牵引具体工作过程中员工所关注的行为和关注的重点。

区分	经营类指标	管理类指标	学习与成长指标
管理者/职业经理人	80%	10%	10%
业务部门/岗位	60%	20%	20%
职能部门/岗位	40%	30%	30%

图9-5　KPI 设置示例

如图9-5 所示，通常公司只会给经营类指标设置 KPI，但在管理过程

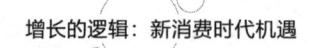

中加入管理类指标和学习与成长指标，会使现在的年轻人更积极主动地参与管理，实现自我学习和成长。一方面员工有 KPI 作为牵引，事情不得不做，但另一方面又通过目标设置，使被动习惯变成主动行为，在过程中发挥员工的自我培养和自我驱动能力，这是将 KPI 设置精细化的典型案例。

人才激励的重点和案例

最后我们看一下员工激励。根据周期的不同，激励可分为短期、中期、长期；根据激励方式方法的不同，除了物质激励，荣誉、权利、氛围与关系，也是激励的形式和手段。针对不同层级的员工可以按照双重维度，设计多元激励矩阵，选择其中的物质加精神的不同激励方式，以及短、中、长期，从而更好地进行人才管理。图 9-6 是我们设计的多元激励矩阵，列出了大部分激励的形式。

激励周期维度	激励形式维度				物质激励基本适用范围
	物质	荣誉	权利	氛围与关系	
短期	月、季度绩效 年终奖、超额利润分享、奖金池……	按月或季度流动型荣誉 年度最佳工作者	临时性放权	尊重与认可	全员
中期	项目跟投 任期激励 延期支付……	更长周期的荣誉表彰	担任项目负责人	工作氛围	重要人才
长期	股权激励：实股、虚拟股、期权等……	终身荣誉	职位晋升	组织归属	高层 核心中层

图 9-6　多元激励矩阵

设置多元激励，一来是希望让企业骨干员工愿意陪伴公司持续发展，二来是希望全体员工能在物质激励和荣誉激励之上，形成良好的企业文化，更好地为公司贡献业绩。当然对于一部分初级职位、重复性及可替代性高的岗位来说，可以通过短期激励的方式，避免员工流失，进而降低公司运营成本。

现在新消费企业的成长速度普遍很快，大家常会看到各种各样的融资新闻，甚至有的公司从成立到 IPO 不过五六年光景，这样的高速发展背后，也少不了用短期业绩增量的激励方式刺激员工完成销售增长。此外，现在的 90 后创始人一般非常开放，愿意分享，采取中长期激励能让更多的骨干员工围绕在创始人周围，形成关系紧密的团队，持续往前走。越来越多新消费企业正在利用多元激励的方式，以不同周期、不同形式的激励方式，笼络核心员工和不同梯队的人才。

我们看看上市公司"爱尔眼科"是如何做多元激励的。根据公开披露的信息，爱尔眼科采用股票期权的方式来激励员工，总共向激励对象授予了 900 万份股票和期权。通过这种方式，也使若干被它收购、并购的小眼科医院及原始员工，愿意持续陪公司前进。不过，这种激励方式从授权到最终行权，存在较长的有效期（如图 9-7 所示）。

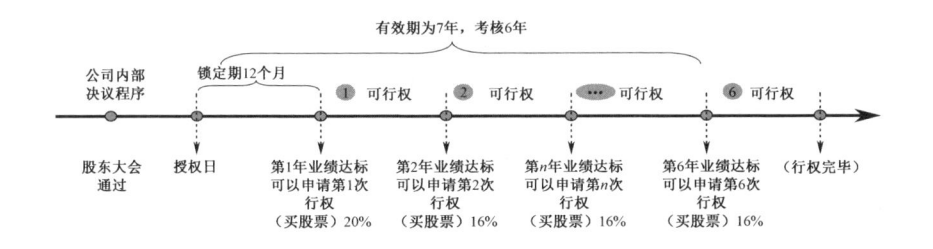

图 9-7　爱尔眼科行权示例

在这个过程中，更有若干对业绩的要求，所以一方面督促在职员工积极完成业绩，另一方面也把这群人变成了对企业非常忠实的员工，使企业能够在长达 7 年的时间里有效留住和聚拢核心员工。

总结一下，当下消费品企业常见的、有效的组织形态，主要是前台灵活、中台稳固、后台支撑的形态，比如矩阵制、平台型，从平台型中又衍生出更精细化的阿米巴模式、共享中台模式等。其核心思想是根据用户、品牌、产品的特色，尽量让前端及时响应市场反馈，尽量让产品和品牌的运营符合当下媒体环境、市场环境，尽量让可以由中台规模化支撑的职能，通过成本更低、统一调配的方式实现。

在组织结构明确的情况下，消费品企业的人力资源体系应该是有步骤、有章法的规划，岗位管理和招聘管理一改过去粗放的、只有综合管理类的状况，细分出专业性更强的岗位，且急需数据、IT 开发类人才；在培训管理上注重分层分类，按照不同层级人员的需求提供定制化培训；在薪酬管理和绩效管理上，OKR 和 KPI 更为主流，倡导互联网文化的消费品企业 OKR 使用得更多，同时鼓励使用多元化激励手段，结合物质、精神激励，带领员工实现共同愿景。

第十章
如何做好文化：价值观与基因

企业文化界的泰斗沙因曾经说过，企业文化与领导力就像一枚硬币的两面，不可能抛开其中的一面而单独去理解另一面，如果缺少对企业文化产生、演化和变革的考虑，就不可能真正地理解领导力。同样地，如果不考虑企业内部各层级和各职能部门的领导者如何行事，以及行事方式如何影响整个企业的系统运作，就不可能真正理解企业的文化和亚文化。

我们在前面提到，企业经营脱离不了经营哲学，想做什么样的事业，完成什么样的使命，面临选择时以什么样的价值观作为指导依据，这些是在市场变动的大环境下，帮助企业稳定军心、找到目标的关键。对于80后、90后创业者和公司员工来讲，它更有重要的工作意义，在一定程度上影响着人才的凝聚与去留。

在消费品企业中，员工对公司愿景、使命、价值观的追求，会反映到他们如何看待目标消费者、如何塑造产品品牌、如何理解公司的价值上，而这些想法又会表现在打造面向消费者的产品、品牌、渠道上，成为企业文化的外在表现。比如可口可乐的快乐、NEIWAI 内衣的女性独立自由、耐克的敢拼敢闯等，这些品牌与产品，都是企业员工认同企业文化与价值观，努力工作所产生的成果，能够被消费者切身感受到。尤其是当 80 后、90 后、95 后既成为消费主力，又成为企业骨干员工时，企业是否表里如一、有所坚守，成为他们选择一份工作时仅次于薪资待遇的重要考量。

同时，80 后、90 后新一批企业家、创始人也展现出不同于以往代际的独特性。创始人的性格不同、职业经验、商业基因不同，因此每个企业文化的特点就会不同。如何让新一代员工接受与融入，如何让管理者运用企业文化激发活力，成为摆在消费品企业面前的新挑战。这一章，我们就来看看企业文化中的价值观传递和创始团队基因的异同对消费品企业的经营产生了哪些影响。

第十章 如何做好文化：价值观与基因

企业文化在新时代的特征

新生代主力军影响企业文化

95后、00后新生代员工已经逐渐成为企业主力军了，我们在常年研究这一人群的过程中，能明显感知个体文化不断崛起，并且，90后与00后存在着细微差异。2014年，尼尔森发布的《90后生活形态和价值观研究报告》对来自中国一线城市的90后进行跟踪研究，得出四个关键词：

第一，正能量，他们拥有这样的自我意识，乐观，个性，乐于享受。90后乐观积极，他们喜欢用独特且富有创意的方式去传播正能量，即使面临挑战，也会通过自嘲的方式来轻松解决。他们希望自己"独特""独立"，自我意识强烈；他们成长于家庭环境更好的年代，更懂得享受生活，这使他们的眼光更加独到，见识更广，并且很快就付之于行动；懂得如何实践和拼搏，并在这一过程中不断"追寻自我"，释放个性。

第二，若即若离，基于这样的人际关系，他们既渴望独立又依赖圈子。90后成长于计划生育"大潮"下的年代，家里就一个孩子，成长环境很孤单。他们渴望通过独立证明自己的成长，通过追求个性证明自己的与众不同。但是，成长的孤单使他们渴望沟通和被理解。他们对最亲近的人有较强的依赖性，同伴之间的关系比前些年更加亲密，特别是那些拥有共同的兴趣爱好、共同的价值观的朋友。他们可能会在熟人面前"奔放"，在生人面前"含蓄"。

第三，抓信息，这是社会化媒体的需求，保持新鲜，保持连接。90后成长的年代，同时也是互联网和个人电脑迅速在中国普及的年代。由于接触媒体的时间早，在众多信息渠道中，他们更依赖手机和电脑。他们有非常强的抓取信息能力，也认为在信息的激荡下，对信息保持敏感是很好的一种生活方式。

第四，开放，他们看待品牌，更希望它是个性与品质的结合。对90后而言，品牌不仅仅是一个商标或产品名称，更是可以代言他们生活和品位的一种标签，并能展现出他们的性格、观念和追求。

而00后则在此基础上进一步深化。《腾讯00后研究报告》指出，00后的成长过程受到社会环境、科技环境、家校环境等诸多因素影响，塑造出对己、对事和对人的不同思维，具体可概括为三方面的特点：

对己：懂得自我、早早地认知自我。他们会在年纪很小的时候努力开始认知自我，因为家里条件更好，拥有更大的财务自主权，他们会尝试多种兴趣，并且努力成为"大神"，这是他们对自己的普遍期许。他们认为，这种在某个领域的成就，更能代表自己和这个世界的关系。

对事：比较现实，会积极获取资源来发展自己的领域。他们成长在物质资源充沛的环境中，明白家庭资源有时会影响自己的发展，毫不避讳使用家庭资源。但同时他们也会主动发展自己的领域，从互联网搜寻更多信息、建立自己的人脉圈，从外部补足可能存在的短板。

对人：平等、包容、适应、关怀。现在已经是"后喻时代"，他们习惯表达想法，对于权威感接受度较低，认为有些事情专家也未必掌握。他们不仅与90后一样开放，还更加包容，乐于接受周围人与自己的不同。因为大多数00后都是独生子女，学业负担更重，他们很珍惜朋友和同好，一起玩游戏、一起运动、一起探讨某个话题，都是他们热衷的。由于独享父母的爱和资源，他们往往富有同理心，有精力去关心自己的群体，并且会做出行动。

这些新生代主力军影响着企业文化和亚文化的形成，比如除了公司官方确定和宣传的文化，还存在非正式的奶茶文化、点赞文化、夸夸文化等。多样化的文化因素，促使我们这一批企业家深刻思考，在企业经营过程中，企业文化是否能与新生代消费者同频共振，是否能对员工的影响保持与时俱进。

好的文化具有强大的传承力

企业文化具有非常强的传承力，贯穿企业的整个生命周期。卓越的企业文化是驱动企业持续发展的核心动力。在这一点上，商业历史和企业寿命相对更长的美国优秀企业，可以帮助我们直观感受企业文化的传承力。

第一个例子是美国的强生。我们曾服务于强生中国公司多年，印象特别深刻的是，强生全球每个国家和城市的办公室，都会在进门处用"强生信条"作为前台企业文化墙面展示的重要组成元素，并且还会在每个员工的日常工作中传播。

"强生信条"讲的是企业的价值排序问题：强生要求每位员工首先要关注自己的客户，其次要关注自己的员工，再次要有社会责任感，关注我们生活的世界，最后，因为有这些关注，有价值的创造，才能够给股东带来合理的回报。

近三十年来，强生在全球出现过几次重大公关事件，比如药品召回、消费品召回等。这些事件其实很大程度上并非因产品本身存在质量问题或存在非常大的法律法规问题，而更多的是强生内部对全球法规、对生产质量、对企业经营的严格要求。

因此，基于"强生信条"，基于公司的价值观和文化，强生决定全面召回，背后是数以亿计的经济损失，这些全由公司自己承担。所以通过这个例子，我们就能很明显地看到，"强生信条"要求和感召每个员工，要在工作中做出正确的选择，这就是公司核心价值观的体现和传承，也是强生存活近140年一直拥有优秀品质，获得良好口碑的重要原因之一。

第二个例子是迪士尼，无论历史上经典的动画片、电影，还是它的迪士尼乐园，或是它的周边产品，都给小朋友、大朋友制造了很多梦幻、美妙的体验。这些美好体验的背后，是迪士尼一直强调的价值观——给人们带来欢乐、带来梦想、带来愉快的生活享受。

我们有几个好友是迪士尼乐园内部的工作人员，他们说，乐园虽然工作量大，身体很疲倦，但在企业文化的感召下，心情还是非常快乐的。他们在童话般的城堡、园区里负责沉浸式地给用户带来欢声笑语，尽心尽力地为用户服务，带领每一个进入园区玩耍的用户找到一种梦幻体验，这是着实不易的。

这种企业文化的感召下，员工也好，用户也好，在迪士尼乐园都能够感受到独特、脱离日常生活的度假感觉，使用户看到迪士尼品牌，就想到童真、乐趣这些轻松美妙的词。而实际上，迪士尼已经存在近百年了，是不折不扣的"中老年人"。

这些拥有百年历史的企业告诉我们，企业文化拥有极强的传承力，能穿越时间长河，从上一代人影响到下一代人。一方面是因为它们提炼的企业文化本身是利他的、奉献的，能充分给社会、给人类创造价值；另一方面是因为它们有一贯坚持的文化展现形式，将视觉、听觉相结合，无论在哪个国家、用什么语言、在什么年代，都能顺应当时当地的形式，被广为传颂从而保留下来，又加上一个个历史事件，更加深了企业文化的厚度和信服力。

这给中国背景下的消费品企业提了个醒，尽快开始提炼或优化企业文化，让它符合时代背景、人们的思维，以一些外在形式展现、宣传，同时让企业文化承载家国情怀甚至人类使命。企业要思考利益之上的追求，才能让这种文化被更多人认可接受，并且成为他们面临选择时的底气和精神。

企业文化具有自我生长能力

企业文化提炼总结之后，并不是一成不变的，它应该随着时代变化而自我生长，从而具备生命力。比如数据化过去还不存在，而今天，其在企业中扮演着非常重要的角色。在企业文化中，数据化将在未来更长时间里对企业产生影响，企业需要与时俱进。企业文化必须融入时代，追求改变，变得更灵活，才能更好地响应年轻人对精神生活的追求，而不是一味讲过去的东西。

在企业文化发展的过程中，有一些内在的东西是不变的，而一些外在的、表层的元素是可以自我生长发育、随时间推移而演进的。从理论上说，企业文化的内容可以分为四个层级，一层层包裹中间最核心的部分，像洋葱一样，因此我们称其为企业文化洋葱模型（见图10-1）。

企业文化洋葱模型的最内层，是精神层，是不会变的。一个卓越的企业，通常能将企业文化中所倡导的价值观跟员工的价值观相统一，往往这样的企业战斗力最强，凝聚力最强。向上一层，是制度层。企业通过制度约束、组织结构配合等方式，把企业文化约定清楚，实现文化的贯彻执行，并落实到日常行动中。制度、组织等，因为具备长期性、稳定性，也不是会经常变动的内容。

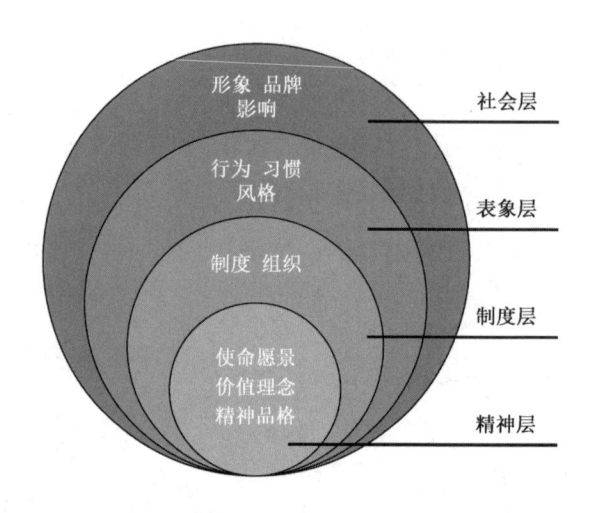

图 10-1 企业文化洋葱模型

（从内到外）精神层：使命愿景、价值理念、精神品格；制度层：制度、组织；表象层：行为、习惯、风格；社会层：形象、品牌、影响。

再往上一层，是表象层，体现在视觉、听觉等层面，比如公司网站、产品、员工行为，以及如果我们去企业参观，就能看到企业员工的精神面貌。这些行为深植于每个人看得见摸得着之处，是需要常换常新的，并且用当下更流行的元素来包装企业文化，也会显得更生动。

最外层，是社会层，表现为企业名声在外，比如名声、口碑、品牌、影响等，它们与品牌广告一样，必须紧跟企业整体发展节奏。特别是消费品行业的龙头企业，其一举一动或它的文化，都会影响员工的品牌工作，其社会影响力是巨大的。

通过企业文化洋葱模型，我们对企业文化进行层层拆解，就能找出企业文化中可以自我生长的部分，也能找出所缺失的部分，并进行塑造，构建与之相适应的文化体系。这体现到企业的经营战略上，体现到员工的行

第十章 如何做好文化：价值观与基因

为与品牌形象上，并持续深化，最终让不变的企业更深层次的精神层获得深厚的累积。

我们用李宁的例子，来介绍企业文化中不变的精神与自我生长的表现。

李宁作为以知名体操运动员个人IP为基础成长起来的运动品牌，在精神层上一直保持着创始人对于体育的价值观："用运动点燃热情"，激发人们突破自我的渴望和力量，让运动改变生活，让人们追求精神的更高境界。另外，李宁诞生和崛起的阶段，是国际运动品牌如阿迪达斯、耐克霸占国内市场的竞争阶段，因此李宁的国货、国牌，是天然的品牌基因，也是直至今天不变的身份。

到制度层上，李宁通过早期的"一切皆有可能"来定义企业精神文化和品牌文化，它的logo、"中国李宁"等标识、口号等，有助于形成更强烈的行为感知，这些也是长时间不变的品牌文化资产。

到表象层上，李宁作为国产运动品牌，在行业中具备代表性地位，尤其是这些年它的宣传、产品、渠道、业务经营都可圈可点。它的产品创新颇多，其设计能代表中国审美，代言人也选择恰当，这是坚持做正确决策的员工在企业文化的引领下开展具体工作的表现。

最后来到社会层，这是变化最大、最能体现企业文化自我生长的部分。李宁从过去以国际品牌为效仿对象，强调技术和产品功能，到如今转变为传递中国潮流、中国时尚，是因为社会层的文化变迁，年轻人对国潮的热爱日益加深。这不仅体现在对中国风视觉元素的喜爱上，更体现为中华民族自信，促使企业文化向着新时代意义的"国产"升级，让员工和消费者都为国力增强而自豪。

如何做好企业文化建设

说完了新时代下企业文化所呈现出的特征,我们看到,具有影响力、穿透力的企业文化,都是对股东、员工、用户三者之间的利益排序,有着更深远、更利他的考虑,塑造了企业的精神面貌,影响着企业文化的表现。

提高用户价值,体现在关注长期的用户满意度,以及降低企业经营成本、提高企业资产运营效率上;提高员工价值,则体现在企业经营过程中注重产品创新研发、注重增强品牌效应,以及设计有效的营销策略上;提高股东价值,则是注重收入增长、利润增长。可以说,从企业经营的角度而言,收入与利润是后续结果,而着眼于提高员工价值和提高用户价值,才能形成良好的结果。

消费品企业更是如此,只有通过好产品,才能够给消费者带来更高的价值。而好产品是员工通过生产、研发、营销等各个岗位的配合协同所产出的,这个过程既提高了员工价值,又让员工将更好的产品呈现给消费者,让消费者价值得以提高;长期使消费者价值得到提高,企业自然能够给股东提供价值,这就形成了良性循环。

在我们常年为企业做管理咨询,总结经验和案例的基础上,我们认为企业文化的建设与塑造,要把握几个关键要点。

要点一,要明确文化价值的内涵和定义。想要构建企业与员工同频共振的企业文化,需要从企业的使命、愿景,到企业的精神、核心价值观,再到具体的管理理念、人才理念、服务理念、安全理念、品牌理念,进行

第十章 如何做好文化：价值观与基因

层层拆解，厘清企业文化理念体系的架构，用其对应文化理念的内涵。

要点二，要了解核心诉求，以内驱力和价值观来塑造文化。现在90后、00后员工的精神状态和价值观与前人大有不同，企业文化要形成同频共振，就需要考虑员工个人价值的诉求，重视企业选聘及员工培养。好比水面上的冰山，员工的知识技能只是表面上的事，水面以下的员工能力，才是影响企业文化能不能深入人心的关键。而更重要的是，影响人们行为的往往是价值观、自我认知、品质、动机等心理和精神层面的因素。企业文化要形成正向引导，激发90后、00后员工的自驱力，让他们与企业发展统一步调。

要点三，要重视文化在企业内部的传播和传承，防止因人员扩充而带来文化稀释。企业文化是有传承力、有自我生长力的，随着企业的扩张，企业需要重视由人员扩充带来的企业文化稀释。

因此，企业文化建设应该从传统的传播式建设方式升级到建立全场景的传播策略、构建制度化的传承机制，最终形成持久的企业文化。在传播层面上，提升各层级的文化认可度，提升员工间文化讨论的参与度，以及增加更多的价值观导向的文化行为，然后制作体制化文化的传承资料，开展针对性文化的主题活动。无论企业的墙上装饰，日常活动员工间的讨论，还是举办针对性的企业文化活动，目的都是沉淀企业文化。

企业文化拥有对外宣传品牌，对内激励员工的双向价值，不仅只是做一本册子，或者在墙上贴几句标语，更多的应该是贯穿在日常工作中的价值观。比如在做一个经营决策时，企业文化所倡导的、反对的，都使员工认同，并真正变成员工的行为与习惯，这才是最终要实现企业文化建设的目标。

在企业文化的建设中，常用的有五种方式：知识分享类，如开展培训、宣贯、学习等活动；公益活动类，如开展社区服务、帮扶等活动；公司宣传类，如评优表彰年会、先进事迹推广等；趣味活动类，如竞赛、户外拓展等；还有日常搭建起的渠道沟通类，比如联谊、团建、日常交流等，这些都是当下年轻员工很喜欢的形式。

企业文化是逐渐沉淀的，不是今天做了马上就能产生效果的，因此要长期、稳定、持续地开展文化传播，让价值观融入时代发展的新鲜活力，让文化核心价值得到更多人认可，才能够更好地影响员工，形成持久稳定的企业文化。

当然，我们也观察到一些企业在开展文化建设方面存在误区。消费品企业在不同的发展阶段，核心管理层可能会有不同的认知，比如利己主义，奉行股东至上，认为企业的首要任务是给股东创造价值，所以企业经营多在考虑营收利润，以股东价值为第一位。在这样的情况下，企业往往在经营上较为短视，导致企业难以获得长期成功。

另外，还有一些企业会用考核这种相对强压式的方式，做大量的员工负向激励，以此希望提高员工的积极性。但通常情况下，考核只能起到评价与绩效计算的作用，从真正激发员工主观能动性上来讲，难以凝聚共识和形成利益共同体。特别是 95 后、00 后员工，长期用鞭打式方式对待他们，可能他们就不干了，就更谈不上用主观能动性和新鲜洞察做出更适合市场的消费品品牌与产品了。

还有常见的老板个人主义，持有该观点的人认为老板文化就是企业文化。在企业中往往老板说了算，特别是中小型企业，"一言堂"能够提高决策效率，但老板也容易成为企业天花板。这就需要在企业文化上让老板意识到，他的作用应该从"报时"转变为"造钟"，把"报时"的工作交给更合适的员工和团队完成，通过文化和体系建设，搭建平台、做好机制，形成相对开放的企业文化。

最后举一些企业的例子，来看看新消费时代背景下新企业做了哪些文化建设工作。字节跳动就是一个比较有代表性的公司，它一直强调企业文化"有字节范儿"，包括追求极致、务实敢为、开放谦逊、坦诚清晰、始终坚持创业和多元兼容。

同样我们也看到，现在不少消费品企业开始重视企业文化中的价值观塑造，比如逸仙电商在 2021 年提出"乐活青春"，再如 NEIWAI 的母公司睿秀电商，也在传递女性独立自主的理念"内观本心，外达天下"。

但总体来说，消费品企业尤其是正处于初创期的企业，在企业文化建设的关注上目前还不够，它们往往把企业文化排在企业经营和业务成长之后。我们希望有更多的消费品企业能够意识到企业文化是创业的初心，是长期持续走下去的重要因素，希望企业能够积极提炼总结企业文化，并长期传承下去。

什么样的创始团队最优秀

与企业文化息息相关的是企业创始团队的领导力，以及他们过往的职业背景与经历，这些造就了今天的创业初心、企业经营理念、企业成长基因。创始人或创始团队扮演了重要的角色，他们的思考方式、思维决策及行为习惯，都在极大程度上影响企业未来的发展。

根据我们大量的观察和梳理，目前业内发展比较迅速、已有一定知名度的新消费企业，其创始人具备一定的共性。这些创始人的能力特点，促使企业拥有持续改进的方向和需要掌握的技能，能让创业者和核心团队像发动机一样，快速突破企业发展的天花板，让企业发展不再受到团队能力的困扰。

大体上，新消费企业的创始团队或创始人分成两大类：一类是专业系统科班派的创始人；另一类是互联网大厂流量派的创始人。

第一种类型，专业系统科班派的创始人，这部分人通常有消费品巨头的从业经历，比如宝洁，给整个行业的新消费品牌创始团队注入了非常大的力量。像逸仙电商、HFP、Usmile、植观、PMPM 等，这些品牌的创始人都是宝洁前任员工。类似这样的企业家，从《财富》世界 500 强消费品企业出来创业，他们具备敏锐的商业思维、非常强的数据分析能力，擅长消费者研究，能准确感知互联网上的人群变化。同时，他们在以往的工作中获得了很多经验，有系统管理的意识，因此他们所打造出的品牌，在起量上速度非常快，手法娴熟，高举高打，大开大合。这是典型的新消费品牌创始人具备的特征之一。

第十章 如何做好文化：价值观与基因

第二种类型，互联网大厂流量派的创始人，他们身上拥有互联网的流量思维，以及数据驱动下的用户思维，非常擅长数字化管理和线上品牌营销。像可糖、红小厨，元气森林等，这些品牌的创始人除了有传统的BAT从业经历，还曾有亮眼的互联网创业经历或背景。因此，正是他们具备的对于互联网的感知与流量的把控能力，使得他们在后来的消费品企业创建过程中，采用了非常多的互联网打法和思维，流量快速攀升。

我们来看几个典型的例子。

比如元气森林的创始人唐彬森，他过去最亮眼的成绩是，在2008年开发了《开心农场》这个现象级游戏，之后又很有远见地在2015年成立了挑战者资本。挑战者资本围绕消费品领域做了很多股权投资，比如我们熟知的便利蜂，以及其他的消费品品牌，同时也搭建了许多渠道。现在元气森林还在持续做并购，比如在咖啡赛道上非常火的玩家M Stand咖啡，也是挑战者资本投资的品牌。2016年唐彬森成立了元气森林，开启了新的实业创业项目。

从大量对公司和创始人的报道中，我们可以看到，唐彬森所展现出的能力主要是与核心团队一起表现出的数字化管理能力、用户思维及流量占据能力，这也正如我们在前面跟大家分享过的用大数据选品、快速迭代的方式做新产品的选品和迭代，这一点值得学习。

再如安克创新的创始人阳萌，谷歌前员工的他算是互联网派，但他的核心团队里又有不少"毕业"于宝洁的伙伴。安克创新的成长路线很典型，在跨境电商与消费电子这个行业里，它较早通过挖掘非常细分、垂直的商机，做笔记本电脑电池的替换品，打造通用电池，赚取第一桶金。

行业里大部分创业者、企业家赚到第一桶金后，通常会延续过去的成功经验，寻找具备利差的产品并上新，快速占据一定的流量高地。等到市场竞争加剧、价格战激烈后就退出，寻找下一个方向。在过去几年中，蓬勃发展的跨境电商行业，造就了大量创富神话，而大部分用的都是选品模式。而阳萌却做了不一样的选择，当他赚到第一桶金时，他就勇于转型，投入资金去做更难的专注自我品牌打造的模式。

安克创新是跨境电商行业里坚持使用自有品牌的企业，它大量洞察市场趋势，进行市场挖掘与培育，在速生速死的跨境电商多品类里，打造了强势的、有品牌知名度和美誉度的品牌。此外阳萌还坚持投入资源做基础科学研究，希望向更具技术壁垒的品类进发，使公司未来获得更好的发展，这也是一个很典型的例子。

总结以上这些泛消费品行业领域里不同细分赛道的创始人经历，就会看到他们所具备的特质，一是品牌的系统化能力特别强；二是擅长使用互联网思维，这也反映了新一代的创业者、新消费的从业者身上所具备的优秀品质。

第十章 如何做好文化：价值观与基因

如何提升领导力

领导力的培养和核心团队的建设是一个很大的话题，我们在本书中只分享一些日常观察总结和我们在咨询过程中使用的方法论。

当下及未来的商业环境，存量竞争将会越来越激烈，越来越活跃多变。企业的创新门槛无论从硬科学技术角度，还是从人群洞察的角度都会越来越高，越来越需要精细化运作，"不确定性"是关键词。所以我们认为创始团队首先需要具备面对快速变化持续提升适应力的能力。未来的从业者，甚至是 10 后、20 后，都需要不仅掌握某一个具体方向的能力，还需要学习与适应变化的能力，掌握一些更软性的、更开放的技能，比如想象力、洞察力、行动力、开放的心态、责任感，以及激发团队创新的能力等，这些反而比硬核技能更有用。

总结而言，我们认为消费品企业创始人领导力提升的方向，分为内在驱动和外在驱动，其中内在驱动包括想象、行动、建制，很大程度上体现在对自己和对周围人的鼓励能力上。现在越来越多的创始团队注重冥想，这带有一些神秘主义色彩，但冥想的确能给创业者、企业家带来更多灵感。

而外在驱动是指对于市场的洞察，与外部合作的开放的心态，还有对事情的责任感。特别是在开放的心态这个层面，老一辈企业家更多的是能自己做就自己做，但对于现在的新消费企业家或更年轻的创业者来讲，保持开放更有利于充分调动外部资源，构建合作生态。在以往的合作中，企业对于像我们这样的咨询服务机构，通常保持着非常尊重、又很开放的态度，这是我们在跟这么多年轻企业家接触之后得到的结论。

具体到每一个维度上,创始团队提升能力的第一个维度,是要建立想象力的管理体系。商业世界一定存在直觉,其来自灵感或常识的沉淀,而另外一些又来自刻意激发的想象力。所以团队需要有意识地让大脑和现实不断碰撞,从观察中获取灵感,从灵感中更新认知,然后把这些想象力落地、体系化、规模化呈现出来,保证不仅只有一个人具备此能力,也要保证想象力可以在组织中以可持续的方式规模化运用。有时对消费品企业来说,一个好的创意,不论是在产品、营销,还是在品牌宣传上,都能起到非常重要的推动作用。所以让创始团队拥有敏锐的洞察力与想象力是很重要的能力提升方向。

第二个维度,是客观看待商业生态的适用性能力。就像刚刚所说,很多创始团队心态开放,他们知道整个商业中不是一个公司单独存在,更多的应该是一种生态系统。如果通过这种生态系统能够建立起良好的合作关系,那么企业作为生态系统当中的组成部分,也是能够有很大收益的。

消费品企业在线上线下的渠道搭建、更多品类的开放融合方面,在当下的创业环境中做得不错,比如越来越多跨界产品出现,就像李宁卖咖啡,华为也开始卖咖啡等。创始团队需要客观看待商业生态,企业需要审慎评估,从而融入整个商业生态系统,通过生态系统找到最佳的解决方案,而不是人云亦云。

第三个维度,是可持续发展。现在很多年轻人、很多国潮品牌,不仅仅在讲潮流、讲时尚,还在讲对社会的更多积极影响。我们身边的很多年轻消费者、新时代人群也都在关注可持续发展的事情,不论是消费品的生产过程,还是它的包装、销售过程,甚至是它的循环再利用过程都被很多消费者看重。

也许有的企业会把环境保护、社会责任看作公关的噱头,但更多的消费品企业开始真正关注社会责任,把社会责任纳入企业生存发展的愿景当中。比如有些企业家致力于孩子的健康,做了很多实质性的改善,有些企业家则致力于研究代表中国制造的形象,帮助中国在世界上获得更好声誉。

我们可以看到,越来越多的消费品企业,由于创始团队的心态改变,把社会责任及全球环境生态保护放在了企业经营的过程中。从社会、国家层面来看,这也代表了中国企业在整个商业发展的过程中有更多利润之外的追求,这有助于我们更全面地看待经营企业和服务社会的影响。

第四个维度,是之前提到的打造领先的数字化能力。对创业者来说,新时代的消费者是互联网原住民,在数据方面他们天生比50后、60后更敏感,因此创业者理解数字化对整个公司未来的发展所产生的影响,这是非常顺理成章的。

我们也看到越来越多的消费品企业,能够熟练利用数字化工具、分析方法及先进技术,提升决策质量。关于消费品业务层面,我们已经做了非常多的案例解读,比如前文提到的元气森林,其用大数据方式开展选品工作。我们也看到越来越多的消费品行业从业者非常关注大数据选品的举措,希望通过数据智能,让经营决策摆脱原来基于经验的导向,更好拥抱数字化世界的变化。

03 PART

资本增长篇

第十一章
融资上市：好风送上青云

对任何消费品企业来讲，在单一的产品经营模式下，业务都有起有伏，都要遵循客观历史规律，一定会经历生命周期的下行阶段，因为业务永远是有限的。而如果要延长企业的生命周期，提升发展的峰值，就要调动企业的人力资源、资金资源、股东资源，八面玲珑，构建起高效调用体系，还要借助资本市场的力量，通过融资、上市的"好风"，送企业平步青云。

不过，好的企业家却不一定是资本市场上的"行家"，干实业出身的创始人和企业家，往往缺乏资本运作的思维和能力。通常情况下，实业创始人往往醉心于产品部分，搞生产，搞研发，钻研品牌和拓展渠道，把资本运作当成忽悠和圈钱。一部分投机主义创始人，将资本市场视作"金融财技"的练习场，想着造概念，而对实业经营的基本功、苦力活嗤之以鼻。

无论哪一种，长远来看都会给企业带来巨大麻烦。

反之，实业企业如果能做好资本运作，就可以撬动整个股市的资源，通过融资和投资，以主营业务为核心，不断夯实战略基础，在产业实业的市场上比竞争对手更有优势，而同时资本市场又会进一步给出高估值，形成良性循环。这个道理并不复杂，但可惜无论创始团队、核心高管，还是参与企业经营的各种利益相关方，截至目前，企业市场上资本与实业一起经营的思路与能力，仍然是稀缺的，搞金融的不懂实业，搞实业的不懂金融，这是常态。

消费品企业从创业到融资，到成为拟上市公司，再到成为上市公司，以及做后续的市值管理，其中涉及的与资本市场有关的话题、能力、方法论、书籍浩如烟海，值得另写一本书来论述。而第三篇，我们更希望从融资上市、投资并购这两个资本市场运作的基本动作入手，提供一些底层逻辑和行业案例，不讲名词解释，不讲具体操作步骤，只想为更多实业经营的企业家多开一扇了解资本市场的窗口，以正心正念，相对全面地了解企业的产融互动，并使企业长远的战略发展思路升维，建立应有的格局和开阔眼界。

第十一章 融资上市：好风送上青云

融资上市有什么好处

企业发展的里程碑

中国的资本市场已经走过 20 多个年头，证券市场的启蒙阶段已经完成。上市对于一个公司长远发展的重要性，相信绝大多数企业决策者都有基本共识。但是，还有不少企业家认为，融资上市是为了圈钱，我们的企业不缺钱，为何还要上市？

诚然，如果需要经营资金，如今市场上企业融资的方式还有很多种，企业上市并非融资的唯一方式。但上市却是最佳方式之一，因为这是公司治理水平全面提升的契机，尤其对"草根出身"的大多数中国民营企业而言，上市更是一个内外兼修、脱胎换骨的过程。

同时，现在各级地方政府也在积极推动企业开展上市运作，为什么政府鼓励企业上市，并为此出台优惠政策、减免负担、发放补贴，只为尽力扶植培育上市公司？我们总结了企业上市的好处，除了直接地进行融资，还具有以下几方面理由：

首先，上市可以为企业补充大量资金，优化企业的财务结构，使企业在将来有需要时可以更大规模地进行债务融资。通过补充资本金，能降低企业的财务杠杆，减轻企业的现金流压力，特别是对毛利率不高、财务支出在固定成本中占比较高的企业而言，更是如此。

其次，上市能为企业带来品牌优势，上市与否对品牌的溢价有深刻的影响。已上市企业通常在商务合作中更占优势，因为很多合作方一听是上市企业，第一时间便能对企业的实力、品牌产生直观判断，在后续的商务合作中也会愿意做更多的让步。这种品牌优势、商誉积极影响，不仅体现在企业经营中，还体现在企业招聘的过程中，往往能对行业优质人才产生更大的号召力和吸引力，从而给企业发展注入人才活力。

再次，上市也能为企业带来优惠政策，比如税收、项目审批方面的优惠，甚至还能获得专项的政府扶植资金。上市企业对于政府而言是主要的创收来源，也是地方经济的主要引擎和就业的主要渠道。假如上市企业处于经营乏力、管理不善的困境，一些地方政府还会出面协调金融机构和其他企业，合力帮助上市企业渡过难关，而相比起来，普通企业很难有这样的待遇。

最后，上市企业还可以用更低的成本，更有效地获取金融资源。企业上市需要定期按照监管的要求做信息披露，并接受审计机构的审计，因此其信息的真实性、完整性更有保障，对金融机构如银行而言，有效降低了风险，也就更容易提供给上市企业优厚的贷款条件。此外，上市企业还可以做股权的质押融资，如果股权在二级市场上有活跃交易和报价，也就意味着具备交易价值和可能性，可以作为抵押物，也就进一步拓宽了上市企业的信用手段。

所以总体上看，对多数企业而言，上市不是最终目的，而是企业发展的一个重要里程碑，是企业家艰苦奋斗取得阶段性胜利的重要标志，"到交易所敲钟"成为众多企业孜孜以求的目标。这一点在新消费企业中更加突出，因为其创始人多为80后、90后，他们对资本市场有更多的理解和认识，正在逐步摒弃对资本的"天使论"和"妖魔论"，以愈发客观、开放的心态与资本市场对话，通过资本的助力，实现快速成长。但遗憾的是，也有个别自身素质较好、项目质地优良的企业，由于对资本的偏见、恐惧和敌意，抱着小富即安的态度故步自封，丧失了时代赋予的机遇。

产融互动是消费品企业的必备能力

消费品企业发展的基础路径，大多先从某个单一产品或服务开始切入市场，逐渐获得市场份额，站稳脚跟，然后开始发展更多的产品线，做品牌，做多品牌矩阵，从区域性、单一的渠道模式，发展到全国性、全渠道模式。在一步步壮大的过程中，商业模式升级，相应的组织结构升级、人员增加和质量升级，管理复杂度升级，同时股权结构也在升级，从私人个体股东逐渐向机构、企业甚至政府过渡，直至上市成功，成为公众公司，股权进一步分散化。这一成长路径，我们在前面的章节也已向大家详细介绍过。

遵循这样的成长路径，要到达事业高峰，企业需要完成几个"惊险一跃"：当业务单一时，消费品企业只需要关心研、供、产、销链条上的基本动作，只要围绕着产品、品牌和渠道展开工作就可以；但当企业拥有了叠加的、复合的商业模式时，比如既有B端供给大客户的制造业务，又有C端消费者的零售业务，就需要为总体布局、资源配置、结构效率而操心了。业务如何组合更有效，怎么设计组织结构，怎么设置激励考核，怎么调动资金和资源，如何维护股东关系等，除了围绕产品、品牌、渠道，还增加了更复杂的考量。

持续成功的企业，会在前一个模式、前一轮增长走向衰退之前，开始布局下一轮产品、资源、能力，等到前一轮开始乏力时，下一轮能够接上，产业一轮轮接力，企业变得更大更强；同时，企业的市场估值在一轮轮的产业接力中，因企业不断兑现战略承诺，而被市场认可，市值不断高速增长直到占据产业领袖的地位，市值高升又反过来帮助企业赢得更多资金和资源。

所以融资、上市，对企业来说不仅意味着现金流的增加，更意味着估值/市值带来的资源，没有这些资源，企业无法进入下一轮接力，或至少走得很艰难；而没有实业的一次次验证，没有战略的落地，企业的估值/市值也就没有判断的依据和基础，更没有对企业未来的期望。产业经营和融资上市，就像两条腿走路，不离不弃，螺旋上升。

更重要的是，我们不能假设竞争对手不懂这个思路，如果我们自己不能做到兼顾发展，那么在市场上很可能遭遇懂行对手的碾压。资源是有限的，资本也是有限的，当资本在市场上流动时，流向别人的多，自然流向我们的就少，这也是为什么越来越成熟的中国资本市场上，小市值的公司流动性、成长性都越来越不如大市值的公司，强者恒强，而且会越来越向头部聚拢，大公司会有源源不断的资本输入。这样看来，消费品企业上市，基础目标应该设置为百亿市值，而向着千亿市值冲击，才是应有的格局和眼界。

什么是产融互动？就是企业在产品市场、产业市场的经营产生营收和利润，而同时企业又身处资本市场，通过资本运作产生市值。产品市场与资本市场有不同的游戏规则，它们良性互动和循环，能帮助企业不断发展，同时市值又伴随业务的发展节节高升。

第十一章 融资上市：好风送上青云

和君集团的"产融互动曲线"（见图11-1），能够很好地诠释其中的逻辑。首先，企业经营好现在手上的主营业务，会获得第一条逐渐上升的产业发展曲线。这条曲线的增长将会越来越平缓，直至走向衰落。企业必须保持对外部环境的观察，提前发育第二条产业发展曲线，通过接续将产业发展曲线往上持续延伸。

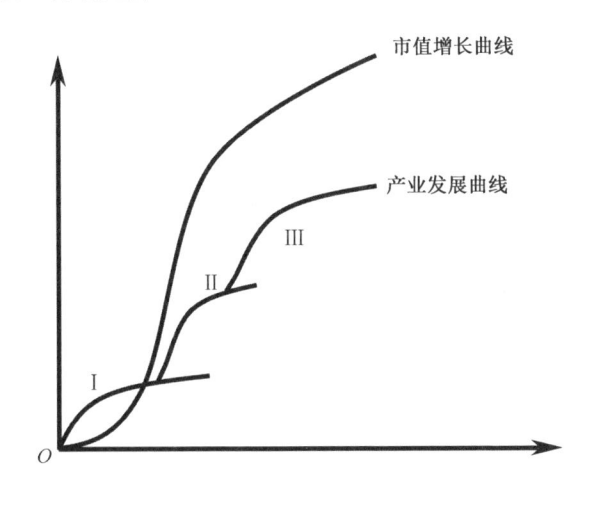

图 11-1　产融互动曲线

同时，企业的商业模式持续迭代，资本市场给予资金、并购、平台、品牌、士气、人才等多方面支持，成为下一轮增长的基础，第二条产业发展曲线由此叠加诞生，同理第三条产业发展曲线也如此接续。在这样接续的过程中，企业不断实现对外的价值承诺，业绩不断得到验证，与外部市场积极沟通，获得市场的认可，进而市值从一开始的平缓走向陡峭增长，越来越陡，直至估值过度。

当然，市值再往后仍然是可以继续勾勒的，企业的产业发展曲线也如此，这便是基业长青的表现。这也是为什么我们说消费品企业具备穿越周期的力量，随着用户代际的转变，消费品企业的产品、品牌、商业模式将会升级，但它又是一个与人类生活息息相关的刚需行业，只要有人类存在，需求就不会停止。在这样的根本原因推动下,企业只需要真正做好基础的投入,更好地利用资本市场的资源,获得内在价值的不断增长。从长期看,即使股价上下波动,最终还是会回归内在价值,而企业只需要关注最重要的事。

第十一章 融资上市：好风送上青云

如何提升融资上市的估值/市值

估值/市值管理的基本公式

资本市场上关于成熟公司的估值方法，是以公司净利润为基础，以市场给予该公司的市盈率为变量，得出当前股票价格、市场行情下这个公司可能值多少钱。因此，估值/市值管理的基本公式如下：

公司市值 = 公司净利润 × 公司市盈率

很显然，公司的盈利情况，以及公司市盈率（PE）决定了市值的大小。因此，若想提高一个消费品企业的市值，至少有三种方法：市盈率不变，做大利润；利润不变，提高市盈率；做大利润，提高市盈率，双管齐下。

消费品企业的利润，跟哪些因素相关？自然与实业部分的经营密不可分，包含了企业的盈利能力，比如净利润水平、毛利润水平；包含了盈利的成长性，比如净利润年增长速度；还包含了企业的盈利结构，比如自有品牌的营收利润占比，不同业务组合板块的利润构成情况。这与消费品企业选择什么样的产品组合、定价、渠道，以及品牌建设等这些我们在前文提到的内容息息相关。

而另外一边，消费品企业的市盈率由什么决定？也许你会说，股市晴雨表不可捉摸，充斥着投机和鲁莽的情绪，也不乏炒作的概念，更控制不了经济周期的震荡起伏。我们将这些无法控制的影响因素拿到一边不提，回归可控的理性，市盈率的高低，由企业的战略定位、商业模式、价值描述、价值传播决定。市盈率就是资本市场给予消费品企业的估值逻辑，企业的细分赛道精准、战略定位清晰、商业模式具备持续竞争力，又能把战略描述清楚，找到充足且恰当的传播渠道，就能被更多的投资者认可，其市盈率应处于行业平均水平之上。

现实情况是，大部分企业习惯性地更关注企业经营层面有关利润提升的部分，但企业的市值要保持上升，到达一定量级，并且维持下去，必须由两个因素共同作用。在更长时间里，企业能多次验证自己的战略选择与经营业绩，其内在的商业价值稳步提升，它的市值才有可能迈向千亿，成为这个行业的代表。

显然，从这个角度看，市值管理并不完全是与分析师、券商、投资者搞好关系，也肯定不是捏造一个概念、讲好一个看上去很美的故事来炒作，而是关乎企业战略、企业经营的方方面面。我们在为客户提供咨询服务时，也往往会从战略管理、资本规划两个角度同时发力，帮助企业提升估值，向百亿、千亿市值目标冲锋，实现价值倍增。

强化估值逻辑

刚才我们说，市盈率就是资本市场给予消费品企业的估值逻辑，提升市盈率的一大方法就是强化估值逻辑。其核心在于顺应资本市场发展趋势，审慎规划赛道、商业模式、热点概念等，以市盈率驱动资本估值的提升。其中，一方面，来自市场 PE 估值的基本判断，也就是我们说的赛道选择；另一方面，在于企业内生战略的逻辑是否能表述清晰。

第十一章 融资上市：好风送上青云

从图 11-2 可以看出，在过去 12 年一个相对完整的经济周期中，A 股市场给予大消费一级行业的估值倍数区间在不同的行业具有明显的差异，有的甚至差距有 4~5 倍。其中，估值区间最宽广、峰值最高的细分行业是社会服务业，比如餐饮、教育、文化娱乐等，而家用电器这样的细分行业，因为商业模式与行业阶段相对成熟，估值区间变化不大。跟我们日常生活最相关的快速消费品，比如食品饮料、美容护理、纺织服装等，也处于比较稳定的 20~70 倍估值区间中。

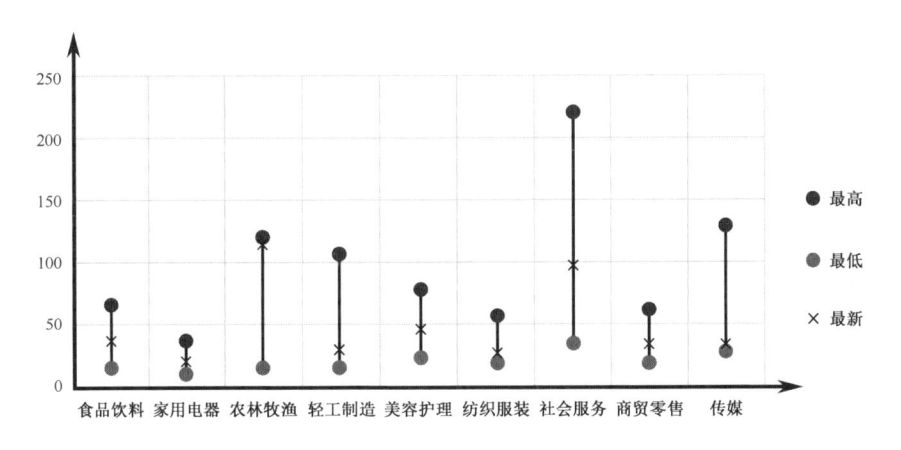

图 11-2　A 股大消费一级行业 PE 估值统计

因此，我们需要反过来想，如果我们希望做到百亿、千亿市值，首先就要选择大空间、高成长的赛道，在商业模式上要拥有创新性，能够利用先进的技术。并且如果可能的话，要与相关热点结合，如这两年火热的元宇宙、跨境业务等。这些选择意味着你是乘上了疾驰的快车，还是骑马或者步行，这决定了企业未来的成长速度。

此外，强化估值逻辑，在于企业能否把战略规划的结果向外部利益相关方解释清楚，其中，若能让投资人从主观上认为商业模式是可以赚钱、可持续创新的，且产生非常清晰的认知，就能提升投资人的信心，以此通过他们的投资行为支持企业的持续发展。从短期来看，企业的估值/市值会因为周期、市场情况等上下波动，有时甚至企业的基本面没有发生任何变化，还会剧烈震动、不可预测、不可捉摸；从长期来看，企业的估值/市值会围绕着企业真正的内在价值忽高忽低，但会以内在价值为基准，并会在某个时候回归内在价值。内在价值是企业的商业模式、战略规划所呈现的结果。

所以，消费品企业如果有清晰的发展战略规划，能够为社会和个人贡献价值，打造一个可持续的盈利模式，就能让内在价值稳步提升。在经营层面上，要提升营业收入、降低成本、利润维持稳定且增长，通过有效利用资产创造更多的股东价值。当投资者（即股东）看到持续获得收益的潜在可能性时，就更愿意投入资源，从而形成良性循环。

比如新消费企业奈雪的茶，根据天眼查历史数据（见表11-1），在创业和发展过程中，其分别完成了天使轮、A轮、A+轮、B轮、C轮、未公布轮次的战略融资，直至IPO上市，平均速度大概是一年一次，C轮之后在同年6月完成了港股上市。

表11-1 奈雪的茶融资时间表

融资时间	交易金额	融资轮次	投资方
2021年6月	50亿港元	IPO上市	公开发行
2021年6月	50亿港元	战略融资	瑞银集团等
2021年1月	1亿美元	C轮	弘晖资本等
2020年6月	近亿美元	B轮	深创投等
2018年3月	数亿人民币	A+轮	天图资本
2017年7月	1亿人民币	A轮	天图资本
2017年2月	未披露	天使轮	天图资本

奈雪的茶是一个典型，代表了相对比较完整的消费品企业融资历程。在企业不同的发展阶段，各投资者、各阶段参与的投资机构，其关注点是

不尽相同的。通常非上市公司成长过程中，需要几个轮次的融资。引入融资应该讲究策略，既不能随意由投资者来主导，也不能为了多拿到资金而频繁融资，而是应该正确认识企业的现实情况，如发展阶段、规模、行业等，伴随不同阶段的需要，寻找合适的融资节奏、融资手段，引入合适的战略投资方，助力企业发展壮大（见图11-3）。

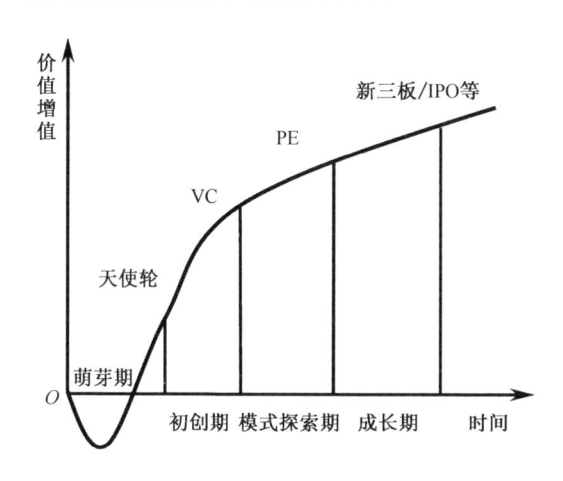

图 11-3 非上市公司成长阶段股权融资

通常在企业的萌芽期，天使轮融资的投资者关注商业项目的创意，创始人及其创始团队的思考能力、过往职业经验，以及他们对这个项目的投入度与热情；进入初创期，企业还在寻找产品切入市场的契机，筹建渠道通路，以及做品牌知名度的累积。这时 VC 轮融资的投资者，关注企业是否有清晰的商业模式，创业团队是否集结成型，项目的初试阶段是否找到了用户的痛点。

而企业到了下一个发展阶段，进入模式探索期，PE 轮融资的投资者更关注商业模式是否已经被证明长期、持续、有效，是否有持续盈利的能力，最好能够具备自我造血的功能。这时企业通常已经过了盈亏平衡点，产品组合已经成熟，渠道通路初见成效，品牌也具备了一定知名度，需要谋求下一阶段更稳健的成长。再往后发展，通过强劲的业绩数据，清晰的发展前景和能引领带动行业发展，有一定示范作用的市场表现，让企业迎来 IPO，或找到以其他方式登陆资本市场的机会。伴随着企业踏入资本市场，也就开启了一个新阶段，企业成为公众公司，接受来自机构、个人及整个社会的监督。

所以，从上面的演进过程中可以看到，对于不同轮次的投资者而言，就是在合适的时间节点，给企业提供支持和资金赋能，并从中获得投资收益。而企业在这个阶段能否交出符合市场规则的答卷和完成阶段性任务，是能否形成双向最佳匹配的关键。这一过程中，每个不同阶段的经营任务，也就决定了在赛道确定的情况下估值逻辑的进一步调整。

做好价值描述与传播

提升市盈率的第二大方法，就是做好企业内在价值的描述和传播。准备上市及最终成功上市，就是一个让投资者、公众集体检验企业经营，决定是否投入资金支持企业的过程。既然是外部的人来检验和评判，那么就要以外人怎么看待企业为主，不能我们自己说自己好，得让外人看得懂我们并且说我们好，这才是真的好。

所以除了企业的财报数据、经营业绩这些量化的指标，企业的战略定位、品牌宣传、产品反馈等非量化的表现，也是外界感知企业价值的窗口。学会换位思考，讲出外界听得懂的战略故事，并且展示未来高速发展的可成长性，成为企业提高市盈率需要掌握的另一项技能。

根据我们多年的经验梳理，我们认为做好价值描述和传播，需要做到

第十一章 融资上市：好风送上青云

以下三点。

第一，做好 IPO 上市地点的规划（见图 11-4）。中国企业对资本市场的规则了解愈发深入，因此上市地点的选择多了起来，比如主板上市、香港上市、美国上市，即使是主板也有了更多选择。消费品企业需要围绕其所在的子行业、资产、经营、发展战略等做充分的分析，以确定自身的价值描述与传播更匹配哪个市场的资源，掌握好上市的节奏，稳步迈进资本市场。此外还要考虑上市的流程、速度、公司的硬件条件，包括上市费用、未来发展前景、未来市场判断等综合因素，进行 IPO 市场选择的规划。

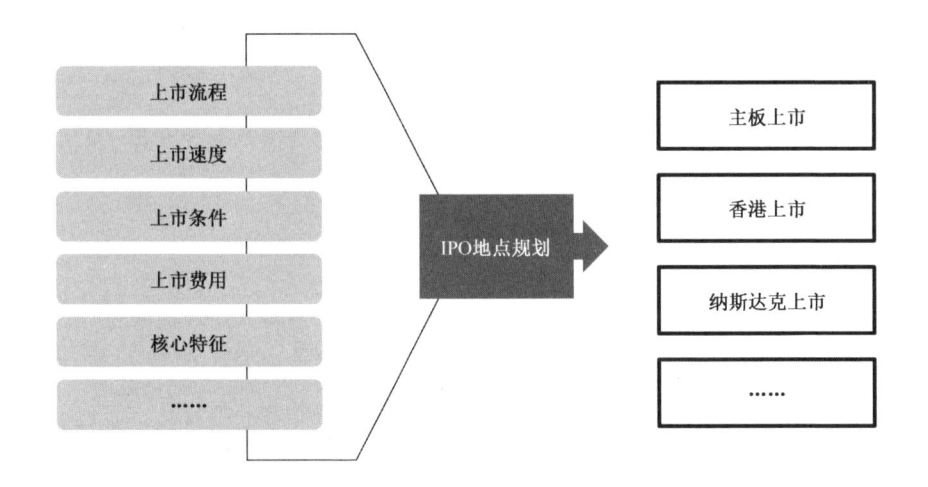

图 11-4 IPO 上市地点规划要点

目前在国内上市，注册制的推进将会进一步形成"宽进严出"的效果。市场上股票供给多了，投资者自然就会用资金投票，选择那些经营效益好、未来发展前景大、战略清晰、管理得当的优秀企业，而忽视那些风险更大的普通企业。尤其是 A 股目前对企业持续盈利能力有较高的要求，也呼应了股权融资 IPO 阶段市场对企业能力的要求。这样的生态对于均好性强、表现稳健的消费品企业是一种利好，在企业的价值传播层面上可以更强调企业经营能力。且看海天味业凭借客单价十几元的调味品，也能扛住周期涨跌，稳住千亿市值，可知A股对消费品企业的偏好如此。

同时，国内资本市场也在不断倾斜政策，支持消费品企业通过多种渠道融资，促进企业的发展。比如2021年3月，国家发改委、中央网信办等28部门联合发布《加快培育新型消费实施方案》，共24条细则，包括加大金融、财政支持力度，引导社会资本融资支持新型消费领域等，为消费行业企业带来重大利好。

资本市场能为新型消费提供多种融资渠道，在政策引导下，资本市场将充分发挥资源配置功能，不断开拓新型消费领域的投融资渠道，支持符合条件的企业通过发行新股、发行债券、可转债、"新三板"挂牌等方式融资，同时推动私募股权和创投企业在融资方面提供支持，充分发挥"无形的手"的作用，更好地推动消费行业发展。

港股上市，也有它的特色。首先是上市筹备时间相对较短，且上市标准选择多，无论收入与净利润模式，还是收入与市值模式，或是考量经营性现金流，总体来说都显示出灵活、人性化的特征。尤其是允许"同股不同权"的设计、对盈利能力的放宽，让更多快速发展期的消费品企业得以借助资本市场的力量一飞冲天，以时间换空间，迅速获得与行业领先企业同台竞技的机会，且更支持单点式的产品、品牌、渠道创新。所以，选择港股上市的企业，需要在价值描述和传播时，更强调企业未来的发展战略可圈可点，值得期待。

美股上市也是一条经过验证的成功路线。首先上市时间不长，对营利性要求是最低的，市场偏好高速增长型的企业，这有利于使用互联网思维打法起量的新型消费品企业。它们增长速度快，但主要还是靠补贴、内容助推等烧钱的方式把品牌知名度提到了一定高度，让用户愿意尝鲜并购买，

第十一章 融资上市：好风送上青云

以时间换空间，用极短的时间站到行业龙头或明星的位置上，获得更多资源支持。在A股或港股不认可这种经营模式的情况下，选择美股可以帮助这些企业对接更广阔的资源，实现"先有名，后有利"的商业逻辑。

我们希望更多企业选择进入资本市场时是有规划的、有规范的、有长远设计的，逐步优化治理结构、引入专业投资机构、择机进入资本市场，而非图短期利益，临时仓促地决定上市，往往最终不能得到想要的结果，还会浪费大量人力、财力、物力。

第二，做好上市前系统性的资本规划。消费品企业的资本规划是一项长期的系统工程，不仅需要战略、经营管理等方面的梳理，还需要财务、法务、审计等各方面的执业认可。以我们提供相关咨询服务的企业来举例子，企业需要做上市盘点，包括财务梳理、业务梳理、企业治理结构梳理；上市规划，包括方案设计和落地实施；资源导入，包括财务资源、人力资源、产业资源。

再进一步，到了上市辅导期，需要上市顾问和团队赋能，包括咨询机构、会所、律所、券商等合作伙伴合力辅助资本规划的实施，这利于企业在上市的过程中少走弯路，同时也有助于企业在资本市场中获得更好的表现。直至上市后，需要市值管理，包括企业顶层规划、合作造势、资本杠杆和市值维护。

这一系列的步骤，离不开企业以开放、预判性的思路接纳专业机构进驻，给予必要的指导，甚至对于上市辅导期来讲，这是证监会必备的流程，更需要认真、严谨地完成。现在，券商、会所、律所达成了共识——为了让企业更准确、不浪费时间和精力完成上市冲刺，要从筹划期的三至四年起，开始建立企业的合规性，适度调整企业各方面业务，以适应未来的各种监管要求。

第三，上市后要做好 4R 关系。4R 是指企业上市之后需要关注四个"关系"的维护和管理，包括投资者关系、财经公关关系、监管结构关系，以及媒介关系。很多企业进入资本市场的初期，专业度没有达到相应的水平，这是很常见的。通过大量的学习与练习，企业才逐渐由合格变成及时回应信息，变成主动沟通者，最后变成预期管理者和股东管理者。

说到股东管理者的最高境界，典型的成功案例就是巴菲特、芒格先生与他们的伯克希尔·哈撒韦公司。他们一年一度的"致股东信"，在长达 65 年的时间里，有力教育了他们的投资者和股东，并且成为良好的筛选机制，让价值观、人生观、金钱观不同的投资者主动退出，淘洗留下长期主义、短期内不要求撤资、不会因股价波动导致账面浮盈浮亏而贪婪和质疑的投资者和股东，给公司今天的发展奠定了基础。

在 4R 的管理中，比较重要的是投资者关系、媒介关系的管理。首先，投资者关系管理（IRM）是市值管理的重要手段，既包括与投资机构之间的关系，也包括散户投资者的关系，还包括与股东的沟通管理。如果企业拥有良好的股东结构，在此基础上簇拥一定数量的专业机构股东持股，能侧面印证机构投资者对企业良好前景的判断。

其次，媒介关系管理（MR）主要包括研报频率、媒体关注度等，高频率的研报发布及较强的媒体曝光度表明，企业受关注度较高，利于提升企业形象。特别是在自媒体时代，很多信息绕过了专业机构，从自媒体无心插柳式发布。因此，在整个资本市场的媒介关系管理过程中，要特别小心、谨慎、理性，这也是把战略故事与战略价值说清楚、把经营企业初心与商业逻辑讲清楚的一种能力。

举个例子，在我们曾经提供市值管理相关咨询服务的客户中，就有一个客户经过一年多的调整，实现了市场热议、前 10 大股东全是机构、行业

第十一章 融资上市：好风送上青云

第一名的分析师来做研判、股价全面超越指数、董秘班子成长起来、次年董秘被评为金牌董秘等一系列结果，这就是通过梳理价值，做好价值的描述和传播所带来的成绩。

如今，消费行业处于资本寒冬，从前两年的热情疯狂逐渐回归理性状态，但任何时候狂热的泡沫都代表危险的信号，反而是回归企业经营，关注稳健、理性、营利性好的发展，对于消费品这种能够穿越周期的行业来讲是更好的选择。未来，新消费企业仍然是资本市场价值投资的优选赛道，做好融资和上市，是企业的必选项。

第十二章
投资并购：有限业务，无限事业

回顾消费品企业的成长路径，当我们在产品、品牌、渠道三者的业务能力、实业经营上取得一定成绩时，就能成为一个十亿或几十亿估值的企业；当我们调整好组织、人才，商业模式迎来复合式的叠加，具备一定的资本运作能力时，就能成为一个百亿估值的企业；而要想成就千亿市值，必须靠出类拔萃的投资并购能力。

什么样的投资并购才算好？首先，必须是基于产业思维的行动，有助于产业链整合、产业结构优化或经济效应扩大。尤其是已上市公司，更应该抓住手中的资源，比如资金、人才、品牌、公众影响力等，利用上市公司地位，以投资并购为竞争突破方向，而不陷入内涵式增长乏力的困境。

第十二章　投资并购：有限业务，无限事业

我们提到，企业想要平步青云、基业长青，延长生命周期，就需要用产业经营和资本经营相生互动的思路，不仅限于思考本书第一篇、第二篇提到的产品、品牌、渠道经营，不仅限于思考主业如何增加收入、降低成本、提高利润，持续提升经营能力，还要思考通过投资并购、开拓新项目等方式，以"外延式增长"做大企业利润，把有限的主业业务升级为长期持续的无限事业。

再往宏观层面上说，投资并购甚至会成为一种重要的产业驱动力量，因为上市公司、行业龙头的内在价值，再也不仅仅取决于它们能提供的实物产品/服务的未来现金流折现，而取决于它们在产业链中的位势，以及它们合纵连横、提升产业结构效率所带来的价值。

但在此也要先说明的是，企业的投资并购并不是一味地"买买买"，也不与提升利润有直接因果关系。企业经营是一套组合拳，并不是一招一式的胜利，我们在此会更多介绍投资并购，以及"外延式增长"战略的一些基本逻辑，给读者一些启发。

如何做投资并购

"外延式"扩张的投资并购逻辑和价值

外延式扩张常见的投资并购逻辑，可以归纳为两种方式。

一种是向内型的投资并购，围绕核心产品，打造多层次品牌矩阵，扩大人群覆盖面。一家企业的成长攀升，在完成了主营业务成熟经营的任务后，想要谋求跨越式发展，成为行业领军企业，就需要通过投资并购的方式完善商业模式，形成跟主营业务有相关性的产业布局。

比如逸仙电商，它的主品牌完美日记覆盖的人群为年轻学生、都市年轻白领女性，客单价定在 120 元区间。当需要扩大用户群，想在品牌上形成差异化定位时，就需要通过投资并购，收购与其他主营业务具备相关性的品牌。因此它后来并购英国高端卸妆品牌 EVE LOM、法国高端护肤品牌 GALENIC，都是为了拓展完全不同于完美日记的客群，以不同的品牌服务不同需求的人。

另一种是向外型的投资并购，一方面以产业链为路径上下贯通，做纵向延伸，与主业联动和赋能；另一方面做横向拓展，整合多元赛道，突破既有业务范围，打造生态网络。一个单体企业，它的主营业务经营范围之内，运营效率再高也还是会有无法突破的瓶颈。这时我们上升到更高的维度，以中观维度看产业环境，从产业结构上提效。因此我们也有一个论断，即"结构效率大于运营效率"，往往企业在经营层面破不了的局，在产业结构上可以解决。

比如泡泡玛特,除了做盲盒潮玩业务,还投资了汉服、零售甚至是耳机品牌。这些业务似乎和主营业务没有太多相关性,但其内在逻辑在于,Z世代的年轻人大多处在某个圈层当中,有不同的爱好、不同的圈层,对应着消费行业中不同的细分赛道。所以泡泡玛特沿着圈层的逻辑,做不同领域的延伸,最终希望实现围绕年轻人的圈层进行更深入的拓展。

我们看到,用外延式扩张战略做并购投资,能给企业带来几方面的价值。

第一项价值,能给企业带来规模经济效应。外延式战略,并不是漫无目的地去做财务投资,它可以更好共享企业的渠道、共享企业的生产或其他资源,这样就能给企业带来更大的规模经济效应。

第二项价值,能够增强企业的市场主导效应,比如有的企业原来是市场的老二老三,但现在通过并购之后,形成能冲击老大位置的威力,变成行业的龙头。这种情况下,就能给企业带来强大的市场主导效应,让企业在龙头位置上更好地发展。

第三项价值,能够实现资源的优化配置。特别是对于初创型企业来讲,其面对各种资源问题,靠自身发展来解决各方面的问题可能非常困难。但如果这时能够与行业相关的巨头绑定,就可以实现资源的优化配置,这样对于双方来讲,也是双赢的结果,能实现资源共享、提升资源利用效率。

第四项价值,能够使企业以最低的成本来实现多元化发展,比如商业模式的创新,或者上文讲的第二曲线的寻找等。

"外延式"扩张的投资并购案例

当然,企业的外延式扩张战略,不是说随便并购,也有不少因为扩张而导致企业走向末路的案例。这里我们整理了几个在外延式扩张方面比较典型的案例,总结值得借鉴的经验。

海天味业

海天味业在资本市场上被戏称为"酱油茅台",代表其股价坚挺且向上,企业经营各方面稳健发展,拥有有限投入、持续获利的好商业模式。海天味业经过改制之后,以公司经营的形式,从 1995 年开始,一直在加速产能扩张,做渠道的铺设和管理,品牌的建设和产品的推陈出新等。

从海天味业的财报上可以看到,2021 年酱油产品占整体营收的六成左右,耗油产品占两成,总体上聚焦主业。但市场上"老三样"(酱油、耗油、酱料)的赛道日趋饱和,若原材料周期性上涨或维持双位数高增长,就需要用外延式并购,这也是打造第二产品曲线的必然选择。因此从 2014 年起,海天味业的投资并购非常频繁,包括 2014 年收购开平广中皇,进军腐乳领域,收购丹禾醋业,加强醋类发展,还收购了合肥燕庄,进入食用油领域。同时,海天味业也推出了一些火锅底料、中式复合调味料等产品品类。2021 年,海天味业做了更名和内部的调整,收购了久晟油茶,进军茶油领域。

从 2014 年到 2021 年,海天味业围绕调味料赛道做了多次并购,在领域内进行多元化的扩张（见图12-1），依靠线下的渠道优势，让更多品类在渠道中发挥更大的价值，同时突破原有"老三样"的发展瓶颈。

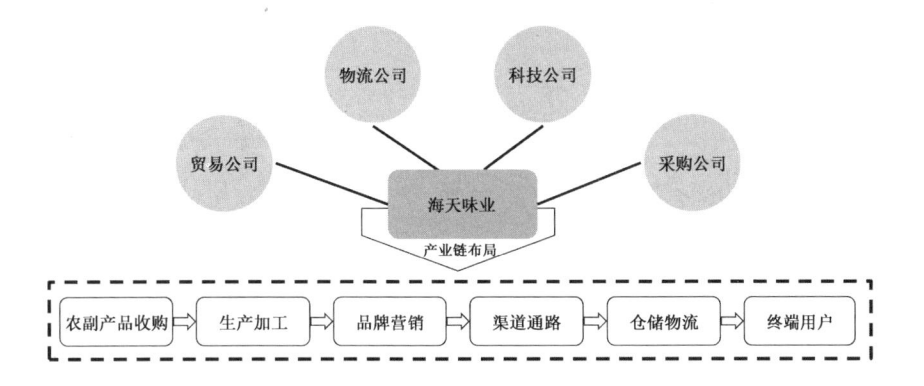

图 12-1　海天味业外延式扩张战略

此外，除了并购具体的产品，它也在布局上游生产和下游渠道，包括筹建工厂，通过股权的受让和增资手段进入农副产品生产领域等。布局上游的原材料生产端，能够让生产的规模效应更好发挥出来；下游提升生产加工能力、仓储配送能力，成立投资公司，设立贸易公司、物流公司、科技公司、采购公司等，这些都是沿着整个产业链进行布局。

对于行业龙头来讲，这是非常好的战略选择，能够在整个产业链的每个环节上都发挥出自己的优势，进行向上一体化或向下一体化扩张。整体产业链布局，能更加巩固其竞争优势，建立更深的竞争壁垒，进而使营业收入持续提升，毛利率跟净利率持续保持行业领先水平。

从海天味业的案例中，我们可以得到几个启示。

第一个启示，坚持主业并不意味着只做原来已经擅长的事，还要为未来的新增长点进行布局。在主业已经处于领先地位时，通过并购的方式，寻找新的品类，让产品多样化。

第二个启示，海天味业的财报显示，其账上存留非常多的现金，现金流很充沛。在这样的优势下它并不盲目投资，而是服务于主业的发展，服务于主业的整体价值链、产业链。

第三个启示，非相关领域的并购协同效应，远小于相同领域的协同效应，海天味业的这些并购，实际上还是为了让主业产品做得更好而采取的行动。

假设海天味业去做房地产或去做服装，即使财务投资非常有效果，ROI很好，也不代表战略就是对的，因为有可能完全无法协同它原有领域的优势。所以消费品企业在做并购时，也要考虑为什么要花这笔钱，明确目的是要让主业做得更好还是仅为了更好的金钱、资源效率。

■ 绝味食品

绝味食品专注于卤制品的研发生产与销售，主要以加盟模式为主，构建起了柔性生态链。它是目前国内规模最大，门店数量最多的休闲卤味食品企业之一。

绝味食品曾与周黑鸭是旗鼓相当的竞争对手，但是到今天它的门店数量、营业收入、净利润已经比周黑鸭多很多，市值也已经是周黑鸭的三倍，靠卖鸭脖子这样看上去很不起眼的商业模式，绝味食品的市值也一度高达635亿元。

在绝味食品发展的过程中，有很多战略支撑其开展工作，其中很重要的战略是，沿着美食开展的生态战略。与海天味业类似，绝味食品围绕着自身所处的卤味赛道，通过内生式加上外延式的策略，做了整体产

第十二章 投资并购：有限业务，无限事业

业链的布局。

它在扩张过程中，以柔性供应链、人才驱动、文化引领等方式，施展了美食生态战略。

在布局产业链上下游方面，绝味食品投资了调味品、中央厨房、冷链物流企业，其中调味品是每日生产都需要用的，中央厨房是为了区域扩张、开更多的门店，冷链物流保证中央厨房供应的产品遍布全国。它投资的企业包括内蒙古塞飞亚农业科技发展股份有限公司、江西阿南物流有限公司、深圳市餐北斗供应链管理有限公司、千味央厨、幺麻子等。它布局支持主业发展的企业，把几万家加盟店管得跟直营店一样好，无论在中国的任何地方，只要是在绝味食品标准化门店里买到的东西，都是一样的品质、一样的味道。

在横向拓展产业生态方面，绝味食品进行广泛的餐饮行业、餐饮生态的投资，包括和府捞面、巴奴毛肚火锅、廖记棒棒鸡、阿满百香鸡等（见图12-2）。虽然它投资的这些品类跟绝味食品的主业不在同一个产品线上，看上去跟绝味食品千差万别，也找不出相关关系，但绝味食品成熟的单店盈利管控经验，赋能这些被投资企业，帮助它们在全国开分店、发展壮大的过程中走得更稳健，比如和府捞面现在就发展得很好，这也是外延式战略中规模效应、资源优化配置的体现。

对绝味食品来说，它通过外延式扩张的并购投资，搭建起一个跟主业没有竞争关系又同属餐饮生态赛道、可以相互协同的生态圈，它的产业加资本的投资模式也开始慢慢展现成果。比如千味央厨在A股上市、藤椒油龙头幺麻子也在预上市的进程中，绝味食品的外延式战略无论从财务投资角度还是从公司发展角度，都带来了很大的优势，最终获得了竞争的阶段性胜利。

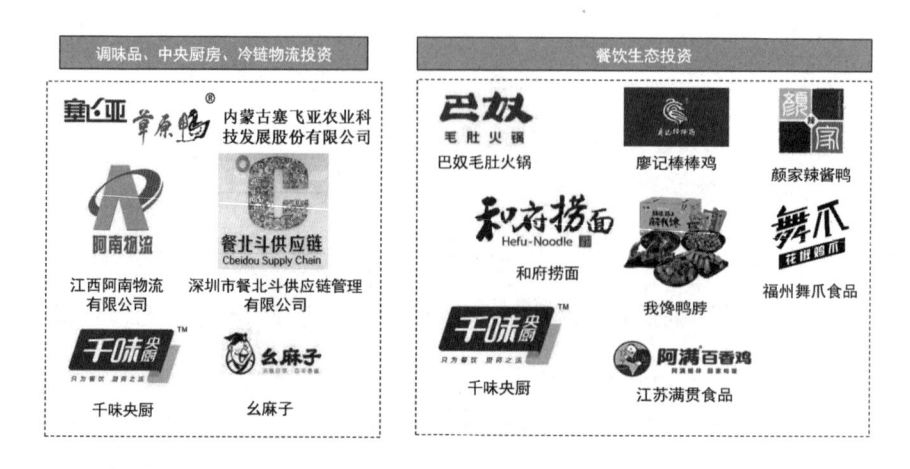

图 12-2　绝味食品投资并购企业（部分）

■ 某品牌案例

有一个品牌，年纪稍长一些的读者应该听说过，它是早年运动服装服饰类目里的知名品牌，以性价比为卖点，在下沉市场发展得很快。从 2002 年开始，它几乎是行业首创地邀请明星做代言，赞助知名综艺节目。在这样的品牌宣传攻势下，它在三四线城市大举扩张，2008 年门店就已经有 5 000 多家，2014 年上市成为 A 股体育品牌第一股，2015 年股价历史高点近 66 元/股，对比一下，当时李宁的股价不过在 3～5 元/股，市值不足 100 亿元，361°、特步的股价在 1～3 元/股，市值停留在 100 亿元，而该品牌是当时当之无愧的行业大哥。

但它自从上市后，在投资并购的外延式扩张战略方面，就一直在做相对失误的举措。2015 年它将很多资金投入体育产业，与虎扑展开合作，成立体育产业基金，投资体育用品行业相关上下游企业，还投资了运动健身品牌、足球体育经纪公司、体育保险、体育游戏、互联网新媒体等领域。

它的战略定位从"传统运动鞋服行业经营"向"以体育服饰用品制造为基础，多种体育产业形态协调发展"的体育产业化集团转型升级，听起来似乎很合理，因为它是做运动鞋服的，投资相关体育赛事，可以多元化发展（见表 12-1）。

表 12-1 某公司 2015—2017 年对外投资并购事件

时间	事件	被收购方	领域	收购金额
2015 年	入股虎扑体育，成立体育产业基金	虎扑体育	体育社区网站	2.4 亿元
2015 年	与西班牙企业 Piramagen、S.L. 和 11MAC11 合作投资入股 BOY 公司	BOY	足球	2000 万欧元
2015 年	与中国大学生体育协会合作成立体育视频制作公司、赛事运营公司、体育经济公司	—	体育	—
2016 年	收购杰之行 51.01%股份	杰之行	体育用品零售	3.8 亿元
2016 年	收购厦门名鞋库 51%股份	名鞋库	体育用品零售	3.8 亿元
2016 年	与新疆广汇实业投资集团、红豆集团等 7 家公司发起设立安康人寿保险	—	保险	—
2017 年	收购厦门名鞋库剩余 49%股份	名鞋库	体育用品零售	3.7 亿元
2017 年	拟收购连锁健身机构康威健身（失败）	康威健身	健身机构	27 亿元

虽然这些领域是以体育为概念的，但是跟它经营线下连锁的体育鞋服门店是完全不同的商业模式，看上去围绕体育主题，但实际都是非相关多元化的业务。在这样的情况下，叠加中国鞋服市场大举并购的背景，它开始进入下行周期。从 2008 年奥运会结束之后到 2015 年前后，已经有 7 年多的发展时间，国内运动用品的渗透率已经达到一定程度，需求开始放缓。

行业进入寒冬，同行李宁、安踏、361°都在做减法、清库存、推进零售改革等。但这时它反而大幅进行外延式扩张，进入一些它不熟悉、与主营业务不相关的领域。如果团队不具备管理和经营这些业态模式的能力，又有很强的控制权，就会出大问题。

最后，它自己非但主业没做好、业绩巨亏，又产生了贷款违约、关联交易等问题，股权质押、换手非常频繁，对外泛体育圈的投资回报在短期之内难以变现，被牢牢套住，主业也没有办法带动泛体育圈布局。几件事情的叠加，使得公司状况恶化，无论在经营方面还是在信用方面，都受到了很大的冲击和影响，市场份额被其他品牌趁机吞噬，出现了营收和利润双双下滑的局面。最近两年，它的市值蒸发了 90%，处于濒临退市的局面。

从这个例子中，我们可以总结一些外延式扩张的经验和教训。

首先，要避免盲目扩张，某公司看上去是围绕体育产业链扩张的，但实际上它忽略了核心品牌的培育、研发、创新。其次，企业也要重视投资并购的节奏和现金流，重视偿债能力的平衡。当企业的财务保障与把控能力缺失时，对大经济周期判断不当，往往会导致企业踩错时机，最终导致现金流情况恶化。再次，要重视投资产业之间的协同作用，提高投资效率，避免投资产业之间缺乏协同、独立运营。最后，要避免控股股东高股权质押的问题，企业需要通过多元化的融资方式筹集资金，以免深陷债务危机。

第十二章 投资并购：有限业务，无限事业

投资并购的筛选标准和估价

站在资本经营的角度，虽然我们说企业的内在价值不完全等于它销售产品/服务的未来现金流折现，而应该还要加上投资并购所带来的增值，以及产业格局打开、产业结构优化之后，企业所处重要地位带来的价值。但如果今天我们要动手并购、投资一家公司，还是需要用严谨一些、保守一些的测算方式做个投资可行性分析。

巴菲特多次提到，企业经营的本质，就是运用有成本的资金，持续投资、持续组合有价值的资产，发明创造并且持续生产可以为消费者带来价值的产品或服务，而这些产品或服务在生命周期内产生的现金流折现，就是企业的内在价值。但是谁都不能准确计算出一个公司的内在价值，因为本质上它是对未来公司的发展情况、行业的发展情况、宏观经济的利率变动等诸多变量的一种预测。

所以，接下来的内容，将着眼于大致评估一个消费品企业的内在价值，给想要做投资并购的读者提供参考思路（见图12-3）。

一家消费品企业的内在价值，由三个方面决定：

行业的成长空间 + 产品经营的获利能力 + 企业原有的资产

因此提高消费品企业内在价值的方式就是：

第一，处于一个高速成长的行业；

第二，提高获利能力，拥有强大的竞争优势，比如有受人欢迎的品牌、组织管理得当等；

第三，提高资产运营的效率，尤其是提高闲置资金的配置效率。

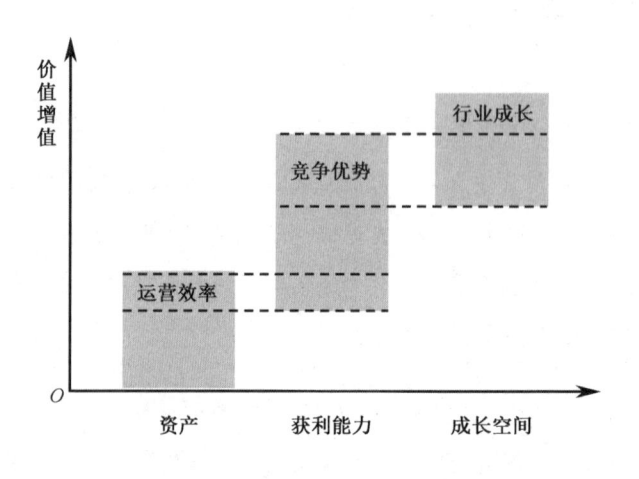

图 12-3　企业内在价值提升

我们先看最好理解的部分。

行业的成长空间分为三个层次，分别是 GDP 平均增长率高带来的收益、超越 GDP 增速的行业平均增长率带来的收益和超越行业平均增速的企业个体平均增长率带来的收益。也就是说，一家优秀的企业，需要处于一个 GDP 增长较快的国家里，在一个不错的行业里，而且是行业里有竞争优势的企业。和君集团多年的统计指出，2 倍于中国 GDP 增速的行业，再加上 2 倍于行业增速的企业，就是好企业。

消费品整个大行业，毫无疑问处于上述三种层次叠加的最佳区间。一方面目前中国的 GDP 增速保持在 6%左右，衣食住行、吃喝玩乐的消费品细分赛道中，不少都是双位数增长的，远高于 GDP 增速；另一方面，不少代表性企业，更是保持着20%以上的营业收入增速，所以想要做投资并购，首先可以用这把尺子量一量。

第十二章 投资并购：有限业务，无限事业

再来看产品经营的获利能力。

这就回到了消费品企业产品经营能覆盖的领域了。按照巴菲特与芒格先生的论断，他们认为企业强大的竞争优势表现为两点：企业拥有优秀的管理层和牢固的护城河。

优秀的管理层，其实也是我们之前在消费品企业的组织、人才板块讨论过的话题，两位智者曾经用一句话来调侃："那种你想要把女儿许配给他，或是请他担任遗嘱执行人的人"。具体而言，他们应该能力出众，人品正直，目光长远，坚持长期的股东利益导向，而不会为了短期的利益做出短视行为，还应该有很强的资产运营能力。也就是说，管理层或者创始人必须德才兼备，业务能力强，还要具备资本意识。

除了管理层，企业的股权结构里最好拥有具备控股权却不参与具体经营的大股东，如果董事会对现有的管理层不满意，可以直接向大股东反馈，大股东具备换掉管理层的权利。而管理层就是大股东的情况，在创业初期很常见，在中后期或上市后，需要做一些优化调整，就像任正非之于华为，张一鸣卸任字节跳动 CEO 一样。所以挑选被并购企业，可以先从股权结构、管理层背景及人品层面上筛一筛。

企业强大的竞争优势还表现在拥有牢固的护城河上。"护城河"这个词相信大家都不陌生了，对于消费品企业来说，要拥有知名度高、好感度强的品牌，让消费者信任品牌，甚至热爱品牌，能给企业现在的产品经营和未来的溢价空间提供强大的支持，这是很难打破的竞争壁垒。正如巴菲特描述的："'买商品，卖品牌'长期以来是一个企业经营成功的方程式。正是这个方程式，让可口可乐自 1886 年成立以来，也让箭牌自 1891 年成立以来，都产生了巨大且可持续的盈利。"

另外，企业还要具备规模经济及成本优势，比如有柔性供应链，响应

速度快、库存少，再如有多年相关产品制造经验，生产研发成本低等。企业还要利用"网络效应"，因为使用产品的老用户数量多，他们还不断在转介绍更多新用户，他们改用别的品牌的成本高，越用原来的产品就越顺手，越来越离不开。

拥有类似这样的护城河的优质消费品企业还有更多，一家优秀的企业必须有护城河，投资方才能获得更好的投资回报。而且这里我们探讨的更多是产业链整合、业务融合式的投资并购，就更需要被投资企业与投资企业紧密合作，在实业经营上相互帮助，以获得更多竞争优势。因此对于消费品企业来说，一道难以逾越的屏障，比如拥有成本优势，能给消费者提供极致性价比，或是拥有强大的品牌，能让消费者喜爱，才是企业持续获得成功的根本。

所以在选择投资标的时，重点要考虑这个企业的竞争基础和优势，判断企业的获利能力是否持久。企业产品经营层面上的优势应该如何建立，在本书的第一、第二篇已经有很多介绍，在此就不再赘述了。

最后，来看企业原有的资产。

一个好的被投资企业，必须"两条腿"走路：既要有过硬的经营能力，又要有高效的资产配置效率，尤其是消费品企业的经济特性是不需要保持大量资本投入的，对比硬科技、重资产的大型制造业来说，消费品生意的优势是固定资产技术变革速度慢、现金流好，所以如果消费品企业的资本配置效率高，就会表现为现金流收入稳定增加，应收账款少，不靠融资驱动，不靠负债杠杆。

如果被投资企业还有闲置留存收益的话，通过积极的市值管理，在市场波动中开展资本运作，进行产融互动，与投资企业融合，最终实现整体的内在价值增长，增强竞争力和增加股东财富。

第十二章 投资并购：有限业务，无限事业

所以，以上三个方面概括了一个优质的被投资企业的画像，总结起来，就是身处高速增长的消费品行业细分赛道；拥有可持续的竞争优势，比如成本低、品牌强、老用户多；拥有高质量的产品、有能力的管理层；在财务指标上资产配置效率高，投入固定资产少，现金流稳定且不靠融资。当我们作为投资方的消费品企业进行投资并购时，需要有一些对基本筛选标准的判断，毕竟投资并购就像生活中的婚姻，找到一个优质、有潜力、匹配的伴侣，才是未来幸福生活的基础。

反过来说，上述这些画像，也应该是企业对自己的要求，归根结底，追求企业内在价值的不断提升，应该是企业经营的目标。

同时，投资并购还有一点很重要，要有一个合理的价格。无论用现金、换股并购还是增发新股，始终需要相对准确地评估被投资企业的内在价值。要以内在价值对应的价格为谈判标准，而不是用现在市场上账面计算的价格作为买入价。尤其是当对方也是上市公司时，就需要更谨慎地谈判、更细致地测算。

这不仅仅是筛选被投资企业的方法，也是企业自身发展的要求。消费品企业要符合上述要求并不容易，尤其是初创型公司，很多也是靠短期资本推动才走到今天的。消费品行业是个慢生意，产品的打磨，品牌资产的累积，都需要数年时间才能得以稳固，从网红变成真正的长红。所以，摆在企业家面前的答卷，还需用时间来书写。

后记
持续腾飞，穿越周期

从我们开始以系列直播的方式讲述新时代下消费品企业谋求高速增长的对策以来，已历时大半年有余。疫情影响着每个人的日常生活，尤其是2022年，餐厅堂食、文化娱乐活动、逛街购物……似乎变得既熟悉又陌生。而居家休闲、健康监测、近距离户外运动，成了新的消费风口。消费行业总是在人们的衣食住行、吃喝玩乐间，维持着变与不变的平衡。

国家统计局数据显示，从2022年第二季度中国社会消费品零售总额的增速来看，网上电商维持着8%左右的季度环比，而占主流地位的线下零售则只能保持2%~4%，对比2021年同期几乎只有个零头。与之相呼应的是，这几年来北京、上海、深圳、广州的购物中心空置率接近10%，比疫情前提高了近两倍——消费品、零售门店正在遭遇着巨大冲击——空荡荡的街道，稀稀拉拉的客流，闭店、清盘也许还将持续一段时间。

网上电商的生意也并非一帆风顺。从近几年爆红的几家新消费企业财报上看，电商的流量成本比之前有升无降。当传统电商平台如阿里巴巴、京东的购物节愈发频繁时，当小红书、微信公众号的种草成为必选时，当抖音、淘宝直播的带货门槛越来越高时，消费品企业的营销边际收益逐年下降，而形式和投入越发同质化、内卷。

资本市场也嗅到了风险，一改前两年的狂热，降温再降温。2021年第三季度到2022年第二季度，二级市场不管是A股、港股还是美股，消费品企业K线"跌跌不休"，逼得王牌基金经理三缄其口；某些个股确实表现不佳，本应是蹚出成熟盈利模式的阶段，却仍在追逐盈亏平衡点；一级市场融资交易事件，从疫情前的单年近1000件缩减到如今不足500件，融资金额上也呈现两极分化，好项目争着塞钱，而大多数项目越发艰难，机构投资者从大刀阔斧、跑马圈地的气势，变成了小步试错、谨慎收紧的行动。

这一切都表明，靠烧钱快速打造出一个品牌，容易；从网红走向长红，经得住时间和市场的考验，困难。

在这样的困局下，我们却仍然看好消费品行业，原因有三。

其一，2021年中国人均GDP跨过了1.25万美元，已经站在了高收入国家的门槛上。人均GDP提高使消费偏好、消费习惯产生翻天覆地的变化，这一历史规律不会逆转，消费行业的渐进式变革必将到来。

其二，全球Z世代人群在2019年已达到24亿人，占世界总人口的32%，是人数最多的一代。他们消费思路前卫、开放、悦己，敢花钱、能花钱，又保持着对高品质和体验的理性追求，他们追求"两倍价格，四倍性能"这样的品价比,而不是单纯追求便宜。

其三,大数据、云计算、人工智能等的发展,转化为新的生产力,促进消费品企业的产品、品牌、渠道、管理各方面能力提升。正如李录先生所说:"现代化的本质就是现代科技与自由市场经济的结合,使得人类经济进入一个可持续的复合增长的状态"。消费行业的发展是比较符合市场经济规律的,有现代科技的助推,能更精准地匹配供需关系。

所以,消费者会越来越"识货",也会有越来越多细分需求诞生,细分赛道崛起。这是消费品企业未来二十年增长的保障,也是对企业经营的挑战。

本书关于消费品企业的增长对策分为业务增长篇、管理增长篇、资本增长篇三个篇,既从消费品企业能力成长的普遍路径规律出发,又从服务和观察大量消费品企业的经验总结出发,这实际上也是我们形成的"千亿市值领航工程"咨询服务体。

消费品企业是最具备成为千亿市值、经济灯塔的潜力选手,在大赛道、好模式、做行业领袖的标准下,实现十亿利润、百亿营收,必将会成为千亿俱乐部的一员,毕竟A股市场上3%的千亿市值企业中,消费品企业是主力军。

而要成为千亿市值的消费品企业,必须完成业务增长、管理升级、资本助力,就像"千亿市值领航工程"中指明的,企业的高速增长就像一艘腾空而起的火箭(见图A-1),"产品新规划""营销新布局"就是火箭的两个主推进器,而作为消费品企业最大的资产和竞争优势来源,"品牌新定位"就是火箭的驾驶舱,为火箭飞往何处提供方向指引。

除此之外,"组织改造支撑""人才建设培育"这样的管理升级,是消费品企业业务增长的基石和保障，而"文化融合统一"则与品牌一样，是消费品企业对内凝聚人心，对外输出价值观的载体，它们是火箭飞升的中坚力量，是火箭的主体。

而"资本规划""市值管理"这样的资本助力，通过融资、上市的具体操作实现，是企业发展过程中不断助推火箭升空的燃料。企业能到达什么样的高度，能取得什么样的增长成就，资本是其中不可或缺的资源。

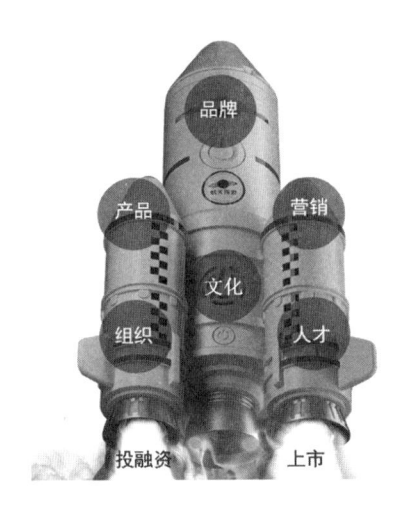

图 A-1　企业增长火箭

至此，我们系统地介绍了"领航千亿"模型中消费品企业发展各个方面的增长对策，每一个对策都深刻植入新消费的时代背景。随着新消费者的需求变化，新技术的推动，新商业模式的产生，诞生了不同于过去二三十年传统消费品企业的打法。它们有的会跟着新名词、新平台的出现而快速迭代，但有的会因为深厚的理论积淀、触及本质的逻辑而历久弥新，无论是哪一种，都必须融入新消费时代，随时保持对市场、对消费者的关注。

消费品就是这样一门学问，源于消费者的需求，变化就是基因，但又因为它一直随人而变，关系人们的日常生计甚至经济基础，成为少有的可以穿越周期、长期复利累积的行业之一。这里会有频繁涌现的新事物，也会有坚守上百年来不变的行业规则——为消费者提供最好的产品、最好的体验，让他们能轻松地购买产品，并且爱上这个品牌。

祝愿有更多的消费品企业能驾驭新消费时代的火箭，穿越周期的短暂迷雾，持续腾飞，迈向更波澜壮阔的未来！

跋

现在回想起来，也许在走出象牙塔之前，熟读企业管理、市场营销教科书中的若干消费品企业案例，就已经为我埋下了一颗种子——消费品的世界充满着各种精致的产品、美丽的广告、鲜活的消费者故事，也充满着门店间的争夺战、价格的游戏、聚沙成塔的业绩。当理论照进现实时，在过去超过十五年的职业生涯中，我日复一日地观察、操盘消费品生意，这颗种子便茁壮成长起来。我赶上了世界500强企业在中国市场的黄金时期，赶上了民营企业上市公司的突飞猛进，赶上了互联网催生电子商务经济大潮的改天换日，种种滋润，这颗种子成为我废寝忘食工作的动力，成为我稍可称作"能力圈"的累积，也成为我矢志不渝的职业理想。

找到一份钟爱的事业，置身一个具有长期发展前景的行业，都是不容易的，但更不容易的是，在漫长的时间里，将全部身心投入其中，利出一孔，不断沉淀。所幸，我在懵懂时步入了消费品行业，在每隔几年就出现迭代式演进的变化中，我迎接了行业的挑战（想想 2008 至 2009 年是中国互联网广告、电子商务 B2C 模式开启之时，距今不过数十载，已发生翻天覆地的变化），而更幸运的是，从事消费品行业的操盘、研究与咨询，已成为我想毕生追求的事业。

本书从构思到成稿，不过四五个月的光景，但其中的思路、框架雏形，已搭建了四五年有余，也许算得上是在这个"新消费"与"传统消费"并肩前行的历史节点上，交出的一份成体系的盘点，能照顾到消费品企业发展的方方面面，会对消费品企业、从业者有一些启发。

但我也深知，本书一定是有缺陷的，一来，消费品行业跟着消费者的需求走，人在变，想法在变，为了满足需求而诞生的一系列企业经营方法就会跟着变，不可能有"最终答案"；二来，写作的完成就是对已知事物的总结，而不可能包括对未知事物的描绘，所以写下来的无论案例还是方法论，都有过时的可能性。

对于这些缺陷的完善、补充，也正是我继续在消费品行业中从业的热情所在。我还开设了同名为"领航千亿"的官方抖音号（抖音搜索：领航千亿），以更新、更快的方式分享消费品行业的所见所闻。期待在不久后，当新的案例、新的商业现象出现时，我能继续优化本书，以求在中国特色的管理学派中，留下微不足道的一笔。

书写至此，由衷感谢多年前有缘分偶遇和君，聆听王明夫先生传授商学知识，并在这些年间对我谆谆教诲、关怀备至。感谢为本书做推荐序的王明夫、高锦民、陈惠选、陈宁、张宇、任玮吾。感谢敦促我、陪伴我成长的良师益友，他们中有因工作相识的外资企业、民营集团的领导和同事，有因求学结缘的和君商学院数届同学、老师、我带过的学生，还有更多支持我直播、授课的天南海北的朋友。

跋

感谢我从事咨询工作以来，聘请我们提供咨询、顾问服务，接待我们展开调查、研究的各位企业家朋友们，有了鲜活的商业观察，我才得以完成本书。感谢在日常工作中给予我贴身帮助、即时提点的潘松挺、王奇峰先生，是他们的无私与睿智，与扎根商业一线的敏锐嗅觉，让本书的思路更加清晰、逻辑更加严谨、实用性更强，还要感谢团队的各位咨询顾问小伙伴，王青云作为主要支持，钱力、左晓、刘雯、刘赫天亦有不同贡献，是他们的勤奋、尽责与付出，让本书最终得以呈现。相信不久的将来，定会有千亿市值的消费品案例出自我们服务的杰出企业中。

最后，要感谢在我投入大量时间工作而无暇顾及家庭时在背后彼此照顾、从无怨言的父母和伴侣，以及小脑袋似懂非懂却乖巧听话的孩子，是他们无言的、无悔的支持，让一位女性可以自由地追求心中的职业理想，而不必担心世俗的眼光。

熊时实

2023 年 1 月于深圳

未经许可，不得以任何方式复制或抄袭本书之部分或全部内容。
版权所有，侵权必究。

图书在版编目（CIP）数据

增长的逻辑：新消费时代机遇 / 熊时实著．—北京：电子工业出版社，2023.3
ISBN 978-7-121-45038-9

Ⅰ．①增⋯　Ⅱ．①熊⋯　Ⅲ．①企业经营管理－研究　Ⅳ．①F272.3

中国国家版本馆 CIP 数据核字（2023）第 023157 号

责任编辑：黄　菲　　　文字编辑：刘　甜
印　　刷：三河市良远印务有限公司
装　　订：三河市良远印务有限公司
出版发行：电子工业出版社
　　　　　北京市海淀区万寿路 173 信箱　邮编：100036
开　　本：720×1 000　1/16　印张：16.75　字数：240 千字
版　　次：2023 年 3 月第 1 版
印　　次：2023 年 3 月第 1 次印刷
定　　价：79.00 元

凡所购买电子工业出版社图书有缺损问题，请向购买书店调换。若书店售缺，请与本社发行部联系，联系及邮购电话：(010) 88254888，88258888。
质量投诉请发邮件至 zlts@phei.com.cn，盗版侵权举报请发邮件至 dbqq@phei.com.cn。
本书咨询联系方式：1024004410（QQ）。